診療室外的憂鬱

靈魂
的缺口

目　錄

【生活】應用精神分析系列叢書

李俊毅 策劃

應用精神分析（applied psychoanalysis），一般而言，指的是將精神分析思考延伸到診療室外的各種學術與非學術領域，譬如文學、藝術、文化、宗教、神話、政治、社會、經濟、人類學等等，試圖透過這個以無意識（潛意識）為基礎的深度心理學（depth psychology）理論探尋各式各樣創作更深層精神意涵的可能性，期待與眾多學門對話之間激盪出更燦爛的火花，最重要的是，這回過頭來豐富了精神分析理論本身的內涵。

這樣的定義認定精神分析發源於進行分析工作的診療室內，畢竟精神分析的創始者佛洛伊德是個臨床工作者。佛洛伊德建構精神分析理論過程，旁徵博引許多文學作品，包括希臘羅馬神話、希臘悲劇、莎士比亞劇作，以及近

代歌德、杜斯妥也夫斯基的文學作品等等，據此他也談到伊底帕斯、哈姆雷特、馬克白（夫人）、達文西的童年等等，這些多數是用來佐證或是支持他的許多重要論點。當然佛洛伊德也寫過許多文章，直接或是間接分析文本、人物，包括：*Delusions and Dreams in Jensen's Gradiva (1906/1907)*，*Leonardo da Vinci and a memory of his childhood (1910)*，*The Moses of Michelangelo(1914)*，*Some Character-Types Met with in Psycho-Analytic Work (1916)*，*Dostoevsky and Parricide(1927/1928)*等等。由此看來，精神分析思想在許多早期不同類型的作品中似乎找到共同的語言，亦即，精神分析作為一種探索心靈的工具，在許多領域不同形式的創作中不難找到合適的對話平台，而診療室中的分析工作，事實上不過就是精神分析在臨床個案上的應用之一，實在不必區分主從先後。

精神分析創立之後，它關於人性的思維深深影響許多二十世紀初意識流派作家的寫作風格，譬如喬伊斯、湯瑪斯曼、褚威格、吳爾芙、普魯斯特、D.H.勞倫斯等等；它同時也影響許多視覺藝術工作者，譬如超現實派的西班牙畫家達利（Salvador Dali, 1904~1989）與米羅

（Joan Miro, 1893~1983）。此外，透過與其他學門的對話與交流，從診療室內到診療室外，從內在世界到外在世界，從個人到群體，精神分析在政治、經濟、文化上的影響也隨處可見。例如，Marion Milner,Ernst Kris,Hanna Segal, John E. Gedo等鍾情於美學與藝術領域，Otto F. Kernberg對於社會暴力與群體衝突的詮釋，Vamik D. Volkan投身於國際關係衝突的研究，David Tuckett對於全球網路泡沫與經濟危機的研究，Andrea Sabbadini與Glen O. Gabbard將精神分析思考帶入電影研究，以及許許多多專注於莎士比亞戲劇研究的分析師等等……，這些現象與趨勢反映了無意識（潛意識）的觸角無所不在，而且無遠弗屆，而精神分析思考的確在診療室外具有強大的滲透力與應用性，有如生命本能在各個生活層面中尋求出路，等待著各種不同形式的活化與重組，我們受困的思想即將因為創造力的撩撥而逐漸鬆動，並且獲得救贖。

精神分析無可避免地挑起人們敏感的神經，有些人極度鍾情於它，另一些人則極度厭惡它，這樣的對立經常是很極端，也很不理性。這類的衝突情境也發生在精神分析與精神醫學之間，當然也毫無遮掩地發生在精神分析與其他類型

治療模式之間。時至今日，精神分析在診療室內仍然是探索個案內在世界最有效的方式之一，因爲躺椅上的個案被允許毫無牽掛地「玩耍」（play），他們知道要能盡興地玩耍才有機會鬆脫固著的思想包袱，創造出一個無限寬闊的思考空間，Winnicott稱之爲「過渡空間」（transitional space）。這個空間就是個創作天地，在此所有人可以無憂無慮地創作，安心過著創意生活（creative life），而這樣的生活產物也許是文學作品、藝術創作、戲劇、詩歌等等。

　　「生活」系列叢書是以生活中的精神分析（living psychoanalysis）爲主軸，也就是精神分析思考在日常生活的應用，這時躺椅不見了，診療室消失了，我們的遊樂場在小說、在電影、在戲劇、在各種大家可以想像到的藝術空間。精神分析就是一種生活。

用精神分析之心探觸憂鬱的溫度

這是一個憂鬱的時代。根據世界衛生組織報告，憂鬱症已是戕害人類健康、造成人類失能的首要疾病。媒體報導張國榮、羅賓威廉斯及其他多位國內外明星皆因罹患憂鬱症自殺辭世，某些影視名人和醫師也跳出來自承有憂鬱症。近來網路上流傳一個「憂鬱先生」衛教短片，提醒大眾「保守估計全台灣至少有100萬人罹患憂鬱症」。憂鬱對現今台灣社會而言，已不再是個陌生名詞，而是日常用語的一部分。

不久前門診出現一位七十多歲的女士，由家人陪同前來，症狀表現是經常哭泣、對外界興趣減低、失眠、感到生命至此無意義。家人試探性地問我：「她是不是有憂鬱症？」語氣中藏不住一絲自己猜對的得意。雖然臨床上最被關注的焦點總是：「是否有病」，而不是情緒的情境脈絡，但我還是想好好了解眼前這個

人，於是問道：「歐巴桑你是哪裡人？」透過她娓娓道來，我才得知她的先生、手足皆已過世，最親近的妹妹幾個月前往生，於是我覺得自己略微可以貼近她的憂鬱情緒一點。女士的憂鬱是一種精神症狀，但也透露出和其生命歷程息息相關的意義。診斷是臨床工作者思考的起點，但絕對不該是思考的終結。如果願意思考，我們就有機會和病患一同窺探憂鬱與情境脈絡的關聯性。

　　但思考意義無疑是一件非常複雜且費力的事，當問題愈複雜，人們慣常的因應方式就是簡化。最近有則新聞，大意是說哈佛大學和佛蒙特大學對社群網站軟體Instagram進行研究，發現透過濾鏡使用偏好可以分析出用戶是否具憂鬱傾向：「有憂鬱傾向者經常使用亮度低、飽和度低的濾鏡；使用色彩明亮鮮豔的用戶，心理則較為健康。利用濾鏡判斷憂鬱傾向，準確率達到70%，比傳統醫生諮詢更為準確。」結論如此簡單明瞭，作為一名精神科專科醫師的我，除了自嘲何時該捲鋪蓋轉行以外，心中也有厚重的納悶：判斷憂鬱傾向、作出憂鬱症診斷，真的是一件如此簡單明瞭的任務嗎？

這種科學的樂觀，也突顯於精神醫學主要診斷系統之一「精神疾病診斷與統計手冊」（The Diagnostic and Statistical Manual of Mental Disorders，簡稱DSM）。在1960和1970年代，不同的精神科醫師診視同一位病患，經常做出不同的診斷，精神醫學的科學地位備受攻擊。直到1980年DSM III問世，用症狀列表來替每種精神疾病建立清楚的定義，並去除各種理論的病因學假設，在此之後DSM系統在診斷上切斷了精神狀態和脈絡的關係，在科學研究的質量上突飛猛進。然而，憂鬱症診斷僅靠症狀、不管脈絡的此項變革，實際上並不符合精神醫學歷史傳統。

憂鬱症從古希臘到二十世紀初被稱作「黑膽汁病」(melancholia)，希臘人當時認為健康或疾病取決於四種體液平衡與否，而黑膽汁過多會造成憂鬱症狀。當黑膽汁影響情緒這個觀念在十九及二十世紀淡出歷史之際，憂鬱症(depression)這個名詞才逐漸興起並取而代之。醫學之父希波克拉提斯(西元前460年-377年)提出歷史上頭一個黑膽汁病的定義：「恐懼或悲傷長時間持續」，其他症狀包括不想進食、沮喪、失眠、易怒、坐立不安等；約一個世紀後，

亞里斯多德(西元前384年-322年)認為黑膽汁病是一種「無根據的沮喪」(groundless despondency)，也就是其症狀與環境事件無關，或是太過強烈、與環境事件不成比例(disproportional)。更往近代看，美國精神醫學之父Benjamin Rush(1745-1813)認為黑膽汁病的情緒「直接違反真實，或者其效應或預期影響與造成它們的原因不成比例」。英國知名精神科醫師Henry Maudsley(1835-1918)曾舉例病患「將其憂愁歸因於一些最荒謬且不充分的理由」。同時期的德國精神科醫師 Emil Kraepelin (1856-1926)乃現代精神醫學鼻祖，他同樣反對單用症狀來作出診斷：「病態情緒和正常情緒的差別主要在於缺乏充分的原因，以及其強度和持續存在……病態情緒有時候會附著到一些外在事件上，但它們不會和正常感受一樣隨著原因消失而消除，它們獲得某種獨立性。」可見醫學史上從古希臘到近代的學者，要做出憂鬱症診斷時，都會將情緒和外在情境的關係納入考量。

　　如果願意，除了外在事件的影響以外，還可以再想多一點、想深一點，關於憂鬱的故事。情緒是主觀的經驗，每個人對外在事件的感知

和解釋絕非完全相同，這樣的差異顯然與內在世界有關，這正是精神分析擅場之處。二十世紀初的維也納，歐洲烽火交加的一次大戰期間，佛洛伊德(1856-1939)發表「哀悼與黑膽汁病」(Mourning and melancholia)一文，這篇經典論文在一百年後讀來依然生氣盎然、充滿啓發性，成爲精神分析學界探索憂鬱症的基石。

「靈魂的缺口:診療室外的憂鬱」一書可謂向佛洛伊德此篇論文致敬，也是將該文主題朝多面向延伸並深化的五曲變奏。作者李俊毅醫師、莊慧姿心理師、葉怡寧醫師皆爲高雄精神分析課程的領導人物，多年來他們致力於在地經營，活動內容多樣而精緻，本書是作者們長期相互激盪的結晶，再加上臺灣精神分析學會元老蔡榮裕醫師和楊明敏醫師熱情助陣，匯聚成這本台灣本土精彩的應用精神分析文獻。李俊毅援引重量級法國精神分析師André Green的「死亡母親」概念來闡釋「懼乳:傷心的奶水」和「寂寞鋼琴師」兩部電影中呈現的憂鬱；莊慧姿從電影「狗臉的歲月」的童言童語中探索兒童的憂鬱、分離、依附與救贖；葉怡寧以電影「藍色情挑」的致命創傷爲起點來剖析憂鬱底層的愛恨交織與和解過程；楊明敏從康拉德

的「吉姆爺」和梅爾維爾的「錄事巴托比」來
比較憂鬱的溫度是炙熱或冰冷；蔡榮裕從精神
分析角度重新檢視2015年德國之翼空難新聞所
伴隨關於憂鬱症的社會心理氛圍。

　　雖然這是一本關於憂鬱的書，我的閱讀感
受卻活潑愉悅，不只親近了精神分析，彷彿還
跟隨作者們的深度導覽，仔細品味這些電影與
小說，並探索新聞幕後的心理動力。「靈魂的
缺口：診療室外的憂鬱」及其中蘊含的精神分
析思考是一種對簡化的頑強抵抗，但我相信在
憂鬱的時代之中，這個抵抗可能替憂鬱的心靈
開闢一條活路，雖然是一條漫長而曲折的路。

許欣偉
英國東倫敦大學精神分析研究碩士
臺灣精神分析學會監事
台北市立聯合醫院松德院區一般精神科主治醫師
松德院區思想起心理治療中心心理治療督導

從未經驗過任何憂鬱的人，
很可能比偶而憂鬱的人更混亂。

————— André Green, *1983*

死亡的母親，死亡的孩子

李俊毅

「……*a subject who never experiences any depression is probably more disturbed than someone who is occasionally depressed.*」[1]（從未經驗過任何憂鬱的人，很可能比偶而憂鬱的人更混亂）。這是甫於*2012*年離世的著名法國精神分析師 *André Green*（*1927~2012*）講過的一句話，既戲謔又眞實，只是這樣的說法恐怕徹底顛覆了一般民眾、甚至精神醫學界對於憂鬱普遍的認知。

憂鬱到底該單純歸類於情緒，還是該被視為一種疾病？這始終是個爭論，因為牽涉層面廣泛，不太可能會有共識；不過，目前精神醫學對於憂鬱的定義、見解、或是描述的字眼，

---

[1] The Dead Mother, in 《On Private Madness》 p.143 , André Green, 1983

過度強調「具體」與「可研究性」的「症狀」，反而讓憂鬱症與其他身體疾病不容易有效區隔開，精神科對於憂鬱症的診斷證據力也相對被弱化與模糊化，而如此過度醫療化（medicalization）的結果，導致人們對於憂鬱的誤解遠比了解還多。

本文並不在正本清源談論所謂的憂鬱，而是為了突顯憂鬱無所不在，因此藉由一般人知悉的電影與文學作品作為媒介，提供精神分析觀點下的另一種思考模式，讓憂鬱這個議題跳脫出狹隘的精神醫學論述，而這一切歸根究底，還是得從佛洛伊德一百年前發表的〈哀悼與憂鬱〉（Mourning and Melancholia, 1915）這篇經典文章談起。這相當精簡的十六頁文章奠定了精神分析看待憂鬱現象的理論基礎，文中有許多對於憂鬱個案深度心理層面的精彩描述，至今依然貼切適用，相較之下，當代臨床精神醫學對於憂鬱症的了解，除了蓬勃發展的生技產業帶出來的藥物治療、神經化學，乃至生物基因觀點外，並無太多新意，基本上是自囚於症狀治療的框架中。

佛洛伊德將哀悼定義為「對於失去所愛之

人，或是失去某些抽象事物的尋常反應，譬如：國家、自由、理想……等等」，這是每個人或早或晚必然得面對的歷程。他接著說：「雖然哀悼會讓生活態度偏離正軌，我們絕不會視之為病態，也不會轉介給醫療處置」，在這樣的架構中，哀悼其實是正常現象，除非後來進入「病態哀悼」狀態，才是我們熟知的憂鬱狀態。何謂「病態哀悼」？這又得回到前一年（1914年）佛洛伊德發表的另一篇重要文章：〈論自戀：一篇導論〉2，這篇著作中，佛洛伊德認為人一出生將所有性能量，稱為「原欲」，或是「利比多」（libido），聚積於自我（ego）身上，大量的利比多讓人們處在全能自大的心智狀態，稱為「原發性自戀」。利比多有如變形蟲偽足可以從自我向外延伸，依附在適當的客體（object）上，形成後來我們稱為「客體關係」的狀態；利比多也會因為遭致某些挫折而從客體撤回自我身上，我們稱為「次發性自戀」，這相當於人們處在失去重要的人事物，或是處在失落的狀態，這時若能適時讓撤離出來的利比多轉而依附到另一個替代客體的話，基本上是循著「常態哀悼」路徑發展，終至某種程度的穩定狀態；若自我因某些因素不願意

2 《論自戀：一篇導論》：李俊毅 譯，2009，五南出版

放棄已然失去的客體，也就是不願意承認「失去客體」（object loss）這個事實，而強迫將撤回的利比多牢牢封鎖在自我身上，形成自戀膨脹的狀態，這即將依循「病態哀悼」路徑發展成「憂鬱」狀態，藉由這種方式，失去之客體的生命在精神層次上被拉長了；被遺棄的自我受到如此嚴重的創傷，人格結構也因此遭受嚴重的結構性扭曲，佛洛伊德非常漂亮的形容這個狀態：

…… （失去之）客體的陰影籠罩在自我身上，而後者從此被一個特別的代理者監督著，猶如它是一個客體 —— 那個失去的客體。

（Freud, 1917, SE14, P249）

由此觀點而言，憂鬱根本上就是一種自戀狀態。至於人們面對失落時，會依循著常態哀悼路徑或是依循病態哀悼而進入憂鬱的路徑發展？佛洛伊德認爲這與人格結構發展有關，也就是說，精神分析建構的憂鬱狀態，並非依據表面症狀，而是「超越」症狀的層次，進入了更深層的人格結構層次。更進一步說，與失去客體之間的關係，決定接下來是常態哀悼或是病態哀悼，如同佛洛伊德所言，憂鬱個案與失

去客體之間的關係絕不單純，通常是愛恨交加，也就是愛與恨之間的衝突極為複雜難解。

既然人格結構才是決定個案未來是否因為失去客體而進入憂鬱狀態的關鍵，兒童時期的利比多發展必然是重要的，這時我們必須提到一位德國分析師亞伯拉罕（Karl Abraham, 1877-1925），對於佛洛伊德建構的憂鬱理論他提供許多寶貴的觀點，他認為憂鬱與利比多發展的口腔期有關，由此可見，憂鬱事實上是處在相當原始的心智狀態，這表示治療的困難度相對是高的，這也與多年的臨床經驗不謀而合；此外，亞伯拉罕也認為「成人的憂鬱很可能根源於童年時期的憂鬱」（*Depression in adults probably has its roots in a basic depression of childhood.*）

果真如此，孩子的憂鬱從何而來？我們先來看看André Green如何在診療室中的移情關係體驗到一個心死的母親如何影響她所照顧的孩子，從而建構一個「死亡母親」（The Dead Mother）的概念來解釋臨床上的憂鬱現象。他是這麼形容的：

死亡母親……是一個維持生命狀態的母親，但是在她所照顧的孩子眼中，形同是一種『心死』的狀態。

（*André Green, 1983, p142*）

這種憂鬱的主要特徵發生於客體（亦即母親）在場的情境中，而客體（母親）本身沉浸於悲慟情境。因為某種特殊原因，母親是處於憂鬱狀態的。英國精神分析師Gregorio Kohon在一次與André Gree 對談中提到：「死亡母親」實質上強調的並非「缺席」，而是在場的「缺席母親」，這是我們對於這個概念應該有的基本認識。

接下來，用兩部影片來說明所謂的「死亡母親」現象，第一部是秘魯導演克勞蒂亞·尤薩（Claudia Llosa）的作品「懼乳：傷心的奶水」（The Milk of Sorrow, 2009），此片得到柏林影展金熊獎與柏林影展國際影評人費比西獎，也曾作為高雄電影館2011年「電影與精神分析影展」系列5：「關於創傷，說不出口的才算數」之開幕片。這部影片夠沈重，開頭就是一段空靈哀戚的吟唱：

……

我向那些混蛋

跪地求饒

那晚我失聲尖叫

山裡傳來回音

而人們卻大笑

……

唱這歌的女人

那晚被抓去強暴

他們才不管

我肚子裡未出世的女兒

他們用陰莖和手

強暴我

他們一點也不同情

在我體內注視的女兒

這還不能滿足他們

他們逼我吞下

我丈夫優瑟夫

死後的陰莖

以火藥來調味他那可憐的陰莖

這痛苦讓我大叫

你最好殺了我

再把我跟優瑟夫一起埋了

……

畫面上一位形容枯槁、日薄西山的母親對著女兒法斯塔（Fausta）吟唱出這段椎心泣血的過去，唱完旋即無聲無息地含恨而終，短短幾分鐘的獨白道盡這位身心受創的母親一生一世的悲哀。這是八零年代祕魯內戰期間，眾多婦女遭受左派光明之路（Sendero Luminoso）游擊隊軍人慘絕人寰的性暴力後，在揮之不去的倖存者罪惡（survivor guilt）陰影下忍辱含恨走完餘生的心路歷程。

　　另一部影片「寂寞鋼琴師」（Piano, solo, 2007）是以義大利爵士鋼琴手盧卡·佛洛瑞（Luca Flores, 1956~1995）生平拍成的傳記音樂電影。盧卡的童年在非洲南部的肯亞度過，父親在當地經商，常年在外奔波；母親一肩扛起照顧孩子的責任，經常夜裡未能成眠而藉著彈琴化解心頭鬱悶，善解人意的盧卡經常徹夜未眠陪著母親。一次母親開車時，透過後照鏡與後座的盧卡眉目傳情之際，一不留神發生車禍而當場身亡，盧卡則在這場車禍倖存，但從此憂鬱纏身，這次意外成為盧卡揮之不去的夢魘。盧卡回義大利後，靠著精湛的琴藝在樂壇大放光彩，旋即因憂鬱惡化併發精神病症狀而走下坡；此外，親密關係始終無法穩定，藥物

治療與電痙攣療法皆無效，終於在38歲時上吊自殺身亡。我想講的是，盧卡的母親生前顯然已經陷入憂鬱狀態，也就是所謂的「死亡母親」狀態，而盧卡從小高度認同如此「死亡母親」，後來罹患憂鬱症似乎是必然的結果。

......我想討論的並非母親真正死亡後產生的心理影響，而是母親憂鬱之後，深植在孩子心中的一種意象，它殘酷地將一個活生生的個體......轉變成一個疏離的個體 ──沉悶、毫無生氣、形同是無生命狀態。

（*André Green, 1983, p142*）

法斯塔的母親在如此駭人聽聞的情境之下失去丈夫，可以想像她此後長期籠罩在創傷陰影中，並且深陷憂鬱泥淖。她目睹丈夫被槍殺，並且被迫吞下他死後的陰莖，形同參與並且執行他的死亡過程，這樣的傷痛讓她防衛性地讓自己維持在心死的狀態，如此才能存活在複雜又矛盾的內在衝突之中。原本應該是充滿生命力的母親，在法斯塔面前卻呈現一個毫無生存意志，全然沉浸在哀慟中的母親；失去來自母親的愛，法斯塔如同喪失了生命意義，內在世界彷彿遭遇一場精神層面的毀滅性災難。

當母親突然陷入哀悼瞬間，她同時也瞬間與孩子分開，這個精神生命的轉變被孩子視為一個大災難，因為：愛，在沒有任何預警下，一夕之間完全失去了。

（*André Green, 1983, p150*）

　　長期面對如此心死狀態的母親，法斯塔無法哀悼，也不被允許哀悼，心智發展被凍結在當下，不被允許往前進展，有如一位受創嚴重的倖存者，藉由不斷重複創傷情境的方式，被強行羈押在母親內心深層的黑洞中，與母親處於精神上既疏離又緊密結合的狀態；換言之，在精神層面上，法斯塔被母親綁架了，而且共處於死亡狀態。在此共生狀態中，母親將自己揮之不去的恐懼強加於、或說移植在無以迴避的法斯塔心中。對於法斯塔而言，為了存活於如此惡劣的母女關係中，全面認同（identification）母親是唯一可行的心理機轉。在精神分析理論中，認同是一種退行至口腔期的原始心理防衛機轉，此時法斯塔母女間幾乎失去了心理界線，母親經歷的恐懼幾乎原封不動成為法斯塔真實的恐懼。

　　法斯塔在母親過世後，一次因暈厥送醫時，被醫生發現陰道塞入一顆馬鈴薯，這是內戰時

期，某些部落的婦女因爲恐懼被軍人強暴的防範措施。這種恐懼理應發生在母親的世代，爲何年輕的法斯塔竟然如此戒慎恐懼？彷彿自己置身於當時的恐怖年代，處在隨時會被強暴的恐懼當中。對此，我們即使難以理解法斯塔心中的恐懼，但也毫無立場質疑法斯塔內心的恐懼，因爲人類的行爲依據的並非外在現實，而是內在/精神現實（internal/psychic reality），而恐懼是無法客觀衡量的。法斯塔內心的恐懼如此眞實，眞實到近乎妄想的程度，使得法斯塔發展出幾近草木皆兵的妄想行徑。從另一個角度來看，陰道中的馬鈴薯或許根本就是男性陰莖的具體呈現，象徵法斯塔心理上是處在長期被強暴的狀態中，仿同母親被強暴時的狀態。當護士詢問她是否處女之身時，她猶豫了一下，回答：「不知道」！這樣的回答洩露了法斯塔心中難以言喻的矛盾與混亂——她竟然無法確定自己是否是處女！在母親心中，當時尚未出生的法斯塔在母親的肚子裡，眼睜睜目睹母親被強暴的場景，形同是母親遭受性暴力的見證人，是將母親囚禁於性創傷牢籠中的那個人。藉由塞入陰道的馬鈴薯，母親的性創傷等同於她自己的性創傷，法斯塔被迫維持性創傷的狀態，亦即它的永恆性（timelessness），這在憂

鬱狀態尤其明顯，過去的傷痛無法哀悼，當然也就無法構思未來，時間似乎被永遠凍結在當下，猶如死亡狀態一般（Birksted-Breen, 2003）。

「她（亦即母親）被活埋，但是墳墓卻消失了。在原地裂開的洞，讓孤寂變得令人害怕，因為個案面臨身體與擁有的所有一切，全部沉陷其中的危險」。

（André Green, 1983, p154）

失去母親之後，盧卡選擇讓自己浸淫於鋼琴演奏與創作，而彈琴是母親生前與盧卡共同擁有的嗜好。先古典，或許象徵著盧卡先是認同母親，維持母親沒有離去的錯覺；後爵士，象徵盧卡嘗試脫離母親的掙扎。創作力（creativity）發展於母嬰之間的互動，作為嬰兒離開母親，或說是嬰兒容許母親離開的準備。為了因應與母親分離帶來諸多巨大的挫折與失落，嬰兒必須發展出有效的外在機制與內在機轉，這就是溫尼考特（D.W. Winnicott, 1896~1971）說的「過渡現象」與「過渡客體」概念。簡言之，藉由藝術創作，盧卡嘗試克服失去母親的分離焦慮，使得旺盛的創作與演奏潛能成為必要條件。沒有創作能力，或是失去

創作力，象徵個案無法接受與母親分離這個事實，這個結果往往讓個案進入萬劫不復的憂鬱狀態，甚至終於毀滅自己，譬如自殺。盧卡就是個典型例子，他的演奏生涯雖然大獲成功，但卻不時恐懼自己會發瘋，一直覺得自己身上有怪事發生，靈魂出竅，必須設法控制住，得把自己綁著，極度擔心在觀眾面前發作……。此外，經常伴隨憂鬱的另一個現象──嫉妒，讓他在感情生活無法得到真正的穩定，甚至終於摧毀親密關係，因為他雖然有藝術天份，但基本上「沒有能力愛人」。

「所有藝術創作的本質是，渴望回復失去的愛戀客體（主要是母親）」，也只有失去或死去的客體可以被「使用」於藝術創作中，這是從藝術作為修復功能的觀點談起。佛洛伊德在愛情心理學中也強調：「潛意識對一種獨一無二，不能替代的東西的熱烈渴望，會表現成事實上無休止的追尋──無可休止，因為替身無論如何不可能滿足他的渴望」。再從佛洛伊德的自戀觀點來說，人一出生面臨的困境就是必須說服自己接受自戀逐漸消逝這個事實，而人們所有的努力，似乎都是在試圖回復當初的全知全能的自戀狀態。盧卡在琴藝上一切的努

力是如此，但是憂鬱毫不留情的反噬終究將盧卡擊垮，內心深層的罪惡感（罪惡妄想）讓他全面認同「死亡母親」，毫無能力抗拒而被吸入巨大的精神黑洞中，等待著自我毀滅。

這在許多藝術工作者的病理誌（pathography）中屢見不鮮。一般而言，藝術工作者通常有著特別強烈與深沈的心理衝突，而藝術作品本質上就是心理衝突的成果，也是藝術工作者內在狀態的外化。其中，最為人所知的當然是梵谷。文生·梵谷（Vincent Gough）出生前一年的同一天，母親生下死產的長子，名字也叫文生，而這個死產的文生在母親心中是一個「被理想化的死亡孩子」。第一胎孩子死亡對任何母親來說，必然是個嚴重的打擊，母親對此的哀悼一直延續到梵谷出生後，明顯進入了病態哀悼的狀態。梵谷發現自己有個悲傷憔悴的「死亡母親」，既得不到母愛，也無法全心全意照顧自己。梵谷一輩子都在追尋一個「得不到」的女性，而這個女性的原型就是他的母親，可見潛意識的力量多麼可怕啊！

...... people never willingly abandon a libidinal position, not even, indeed, when a substitute is

already beckoning to them.

（*Freud, 1914, SE 14, p244*）

　　這是佛洛伊德在〈哀悼與憂鬱〉的一段十八字箴言，有人戲稱這應該擺在診療室中，當作每個治療師的座右銘。大意是說，「人們絕不會欣然拋棄利比多位置，即使另一個替代者正在召喚他們」。說白話一點，佛洛伊德不認為人們會輕易放棄失去的人事物，即使有新的誘惑向他們招手；從客體關係而言，自我是如此依戀逝去的客體，因此這個分離的過程，實際上是困難重重的。法斯塔無法輕易甩開母親對她的影響，即使母親過世之後，她的影子總是籠罩著法斯塔，久久不散。相同的，法斯塔的母親被強制與逝去的丈夫緊緊連結在一起，彷彿逝去丈夫的幽靈盤據她的心靈，形成所謂的自戀性認同（narcissistic identification），這種認同有如緊箍咒般牢牢將人拴住在創傷當下，這個枷鎖直到老死以終，終究未能一絲一毫鬆開，並且將傷痛傳遞到下一代。法斯塔與母親在無法解決自己內在矛盾的情況下，透過幻覺式的願望否定外在現實，亦即，在內在世界中，法斯塔的母親覺得逝去的丈夫未曾離開她，法斯塔也覺得母親依然如影隨行與她同在，這是受創個案維繫精神存活（psychic survival）之道。

…… 認同因「去灌注」而遺留下來的空洞（並非認同客體）及這個空虛狀態，這經由對於死亡母親充滿情感的幻覺，來填補並且瞬間呈現出來，快速如同一個新的客體被定期挑選來佔據這個空間。

（*André Green, 1983, p155*）

當女友問起母親是怎麼死的？盧卡回答：「長腫瘤」，語畢隨即轉換話題。然而，盧卡每每在夜深人靜之際，掙扎著回憶起母親，或說質疑自己為何逐漸淡忘母親：「我最氣的是，我不太記得她的事。都是同一場景，我們在非洲的一個長長的海灘上，景色很美，海水很清澈，我跟媽媽在玩球，她一直在旁邊看，她幾乎總是包頭巾，戴50年代風的墨鏡，有點狐眼」。聽得出盧卡對於母親在他腦海中逐漸消逝這件事實，心中滿滿是帶著愧疚的疑惑，然而，他到底真是必須死命著記得母親？還是根本就想忘掉母親呢？這不是個容易回答的問題，尤其是對盧卡而言，記得母親種種似乎是個無可逃避的「責任」，只是這個「責任」何時了呢？從梵谷一生不斷追尋得不到的女人來看，難道盧卡的感情世界也注定如此漂泊一輩子？即使轉進爵士世界，盧卡依然不由自主練習音

階，彈巴哈平均律，甚至堅信他用E小調音階殺死了爵士樂小號大師Chet Baker，最後他選擇舊地重遊，回到童年成長的非洲大陸，這難不成代表盧卡終須回到原點，一切傷痛的原點？如同費倫契（Sandor Ferenczi, 1873~1933）所言：「人類最基本的願望是回到母親的子宮，重拾失去的自戀性整合與完美」。盧卡的琴藝終究未能讓他得以擺脫母親死亡的陰影，他選擇了「認同罹難者」（identification with the victim）的路徑而自殺身亡。在「死亡母親」的照顧下，盧卡已經是個兒童期憂鬱個案；當「死亡母親」真正死亡時，盧卡又是個經歷母親死亡意外的倖存者，這對盧卡而言無非是個致命一擊。

相對於盧卡，母親的死去反而讓法斯塔有機會重新審視她與母親的關係。在此之前，她不被允許脫離母親去看待她所處的外在世界，她的外在世界根本就是母親的內在世界的投射，並非真實的「外在世界」。母親的死去，迫使已經成年的法斯塔必須面對「真實」外在世界的衝擊與挑戰，這包含外在世界普遍存在的利誘、威脅、嫉妒、恐懼、背叛等等；當然，她也同時從外在世界領悟到人與人之間原來還有真誠、信賴、關懷、乃至於愛情。劇末，法斯

塔終於願意讓醫生取出陰道內的馬鈴薯，象徵著法斯塔終於決定掙脫母親設下的心靈枷鎖，這顯然與來自男性園丁的信任感有強烈的關係，然而，這恐怕只是開始，未來的路依然還會是巔簸不平的。

　　憂鬱到底是個什麼東西？精神科執業多年後，拋出如此「小兒科」的問題需要十足的勇氣。但是，我不得不坦承，在診療室中我被憂鬱個案挑起的好奇往往遠比我可以解釋的多。超過二十個寒暑的臨床經驗並沒有讓我輕而易舉地洞悉我眼前的個案到底發生了什麼事，反而讓我越來越困惑於自己是否真實看清了憂鬱個案的真實面貌；我同時也告誡自己千萬不要妄下臆測，因為，個案可能囿於某些原因，不能讓我知道的永遠比願意讓我知道的多太多。如同André Green所言，個案跟治療者初次接觸時，基本上抱怨的並非憂鬱之類的症狀；多數時候，這些症狀或多或少指向親密關係的嚴重衝突。「死亡母親情結」是在治療室中的移情關係裡感受到的。在許多情況下，個案不會主動敘述他的個人史，而是治療者自忖個案在過去某個時間點，必然或是可能在兒童時期罹患過憂鬱症（childhood depression），對此，我們的個案並不會主動提及。

多年來，多虧治療室中無數個靈光乍現的偶然，讓我有機會踏進他們的內在世界，撲面而來的往往是滿滿的震撼，我驚覺情緒原來是有重量的，撞擊心頭還真會讓人隱隱作痛，個案留下給我的總是滿滿的驚恐與狐疑。我總是等待著他們多告訴我些什麼，多讓我了解他們什麼。我等著……

李俊毅
英國倫敦大學學院理論精神分析碩士
高雄長庚醫院精神科系/身心醫學科主治醫師
臺灣精神分析學會會員
無境文化【生活】應用精神分析叢書策劃

還好我的生活沒有那麼慘，
時間會治好一切，
但有時必須先試著遺忘，
在時間還沒有長到遺忘以前，
只好順其自然……。

—— 英瑪,「狗臉的歲月」

母親和童年憂鬱

莊慧姿

「*Come at the world creatively, create the world; it is only what you create that has meaning for you.*」[1]這是溫尼考特(Winnicott)[2]饒富創意的點子，讓母親做世界的代言人，將之介紹給嬰兒。來吧，孩子！迎向活力創意的世界，等著你來開創屬於你獨有的一片天地。母親熱情招喚，使得嬰兒儘管放心的好奇，母親細心指引，開啓了一條認識世界的大道。既然母親是路上的一把明亮火炬，那又怎麼會有孩童憂鬱

---

[1] D. W. Winnicott (1968). Communication between Infant and Mother, and Mother and Infant, Compared and Contrasted. , In Abram, J., The Language of Winnicott. London:Karnac. 2007

[2] 溫尼考特(D.W.Winnicott,1896-1971)的理論發展分四個時期:Foundations:1919-1934;There's no such thing as a baby: 1935-1944;Transitional Phenomena:1945-1960;The use of an object: 1960-1971

《Abram, J. (2007). The Language of Winnicott: a dictionary of Winnicott's use of words. London : Karnac. Pp. 4-5》

呢？電影「狗臉的歲月」(My life as a dog)呈現母親與童年憂鬱的心智面貌。

「狗臉的歲月」是二十世紀重要的兒童電影作品，一九八五年由瑞典籍導演雷瑟霍斯楚(Lasse Hallstrom)執導，故事場景發生在瑞典，導演擅長處理兒童電影，喜好以詩為筆，以恬淡宜人的說故事方式勾勒關於一個孩童成長的故事，電影在經過三十年之後，依然歷久不衰，屢屢引起注目，基於此因素，近年重新膠捲修復數位化，於二十一世紀風華再現，可見其份量之厚實。

故事具啓發性，既深刻又能觸動人心，其內容陳述手法樸實，清晰地描繪關於一個孩子的成長故事，換個學院派說詞，兒童心智世界遠比成人世界可見可及、可理解的還複雜許多。理解孩子不容易，主要差異在於語言，兒童的表達較原始性，具有豐富的肢體語言，其中更涵蓋了層層疊疊的綿密情感和幻想，因此，成為絕佳的故事題材，再以精神分析作為某種觀點的切入，一方面欣賞電影的原創性，另方面藉電影故事主角英瑪為案例，引人細細思索母親、女人、孩童成長和童年憂鬱等相關成長議

題。

電影裡有個有意思的隱喻，高溫吹製玻璃、乳房與女人。以有限經驗與電影象徵作自由聯想──台灣位居亞熱帶擁有得天獨厚的好太陽，炙熱的太陽在瑞典很稀少，多曬太陽可緩解憂鬱這回事，對我們恐怕僅止於知識性的文字，但心理層面卻很難接受，可想而知，影片裡表達瑞典玻璃工業的發達與太陽熱能的渴求或多或少有關，或許，那是人類很自然的對生命與愛的殷切期盼。

舉一個與太陽熱能有關的趣事，一位瑞典友人在夏季拜訪台灣，外國臉孔的她正在公車站牌前候車，本地人紛紛躲避至蔭涼處，她小姐獨自一人站在公車站牌下，露著滿意開懷的笑容，臉龐微微朝向天空，任憑炙熱的陽光撒落一身。沐浴在明朗的陽光下，恣意地享受著南台灣的好天氣，與那避陽唯恐不及的行人，形成強烈對比，畫面相當突兀有趣！而台灣人的熱情可是聞名國際呢，此時，一位好心的歐巴桑，頭戴草帽手撐著陽傘走到跟前，操著親切的台灣國語問道：「小姐，請問妳生病了嗎？日頭赤焰焰，鬥陣來避日頭。」她一時之間傻

愣愣的不知道發生什麼事。或許是太陽不懂得為每個人調節適當的熱情，讓需要的人自由領受吧！

電影場景的玻璃工業、星空、小狗、火車鐵道的涵洞下等等對應性的象徵式表達，展演的是主角豐富的內在情感、情慾、痛苦和成長衝突矛盾的愛恨，也同時是一種回應主角對生命的疑惑與好奇，關於愛是什麼？母親在哪裡？我何去何從？炙熱的愛，有人熱切追求、有人避而遠之，不論如何，愛與被愛都是成長過程必須「長」出來的重要能力。

我的人生就像一隻狗

故事是這樣開始的，我的人生就像一隻狗。一張我與西卡的回憶，那是母親在暗房裡親手沖洗的照片，那是我記憶中最歡樂的時光，現在，我必須要想辦法說故事講笑話讓她開心，因為生病的她花太多時間閱讀了，「還好我的生活沒有那麼慘，時間會治好一切，但有時必須先試著遺忘，在時間還沒有長到遺忘以前，只好順其自然。」年僅十二歲的英瑪強忍痛苦

自我安慰。

　　曾經，英瑪思念被送入流浪犬之家的愛狗
——西卡，不禁難過看見自己有著類似的遭遇，
像個被遺棄的小孩，四處流浪在叔叔、伯伯親
戚家中，更可憐的是曾一度無人收管，被迫入
住寄養家庭，此等種種顛沛流離、丟來送去的
場景，迫使他提前經驗分離、孤獨、母親生病、
和期待落空的傷逝，沈重的包袱一點一滴的侵
入幼小心靈，難以言喻的傷痛，如同墨黑森林
的老巫婆施展魔咒，在不知不覺中偷走純真快
樂的童年。一幕幕哀傷的無可奈何，在青澀童
顏刻下一筆筆抹不去的傷疤，在沉痛且無可承
受的重力拉扯中，讓他無力離開死蔭的幽谷。

　　還好，雷瑟霍斯楚故事安排上，採取拯救
英瑪的態度，安排了三位女性，伴隨他在成長
路上需要且重要的女人。第一位是家鄉的童伴
小青蛙，兩小無猜躲在火車鐵軌涵洞下，玩著
結婚的家家酒遊戲；第二位是寄住叔叔家的兒
時玩伴莎嘉，兩人是一起度過青春期的青梅竹
馬，從玩伴發展到擁有深厚的情感，一起在穀
倉裡練拳較勁，一同上足球場比賽，他幫助莎
嘉繼續喬裝成小男孩，紮緊繃帶隱藏乳房發育

的事實；第三位是在玻璃工廠的員工貝麗，熱情滿溢、活力無比。無庸置疑，片中女性意涵著愛與關懷的熱量，用來彌補或取代英瑪心靈中母性空缺的形象，以致些許年後，主角英瑪站在某個成熟思考的立足點回憶，才能重溫無悔的童年時光。

英瑪心智世界裡的母親

電影裡有些片段，令人著迷——

「我應該把一切都告訴她，媽媽喜歡這樣的故事」他觀察著媽媽。

「她看太多書了」我好擔心。

「她喜歡這些生活的故事」我要多收集一些生活趣事。

「能讓她想點別的事，那真的很好」。

媽媽拿起相機，幫我和西卡拍照。我像愛媽媽一樣愛著西卡。

我該跟她說點什麼？我喜歡她笑的時候，她就會把書放下，她看太多書了，媽媽生病前是攝影師，有了我們之後，她只好放棄。

有一回，我和哥哥打開暗房找她，「關門！關門！」媽媽在暗房裡緊張的大叫著。

在星空下迴盪，想像好像可以解決我的困惑。

「我應該把一切都告訴她」在海邊搞笑的逗弄母親。

「想想其實沒有那麼慘，也許會更糟的」安慰自己。

「想想那個到波士頓換新腎臟的男孩，出了名，還是死了」但，我還活著。

「還有那隻太空狗，萊卡」可憐的實驗品。
「被人放到人造衛星上送到太空去，想知道牠有什麼感覺……」。

「牠的腦子和心臟裝滿了電線，我想牠一定很

不舒服，牠在上面轉了五個月，把狗食吃完了，牠就餓死了......」。

從不同的角度作比較是很重要的。

母親重病

英瑪躲在小屋角落邊，舅舅急忙敲門說：「英瑪快開門，開門」，舅媽與舅舅急忙地找英瑪，「英瑪，別鬧了!」舅媽急切的說，「他不會在裡面的」舅舅說，「你都知道了」舅舅說不出口，母親生病，「抱歉，我沒有辦法告訴你」舅舅說。「我想到去衣索匹亞傳教的女人，傳道時，被人用棍子活活打死，......要常常去作比較」英瑪想著。

記憶有時實在太痛苦了，英瑪只好嘗試讓自己感覺到還算幸運。

這是保護自己的方式，與痛苦難受的記憶保持距離，讓自己不再去回想，事實上，記憶可以帶著我們回到過去的地方，卻回不去那段時光；有時候，記憶可以被遺忘，困難在，記憶中的歷史卻無法被抹滅消失而是藏匿在生活

和心靈的一隅，隱隱約約......或許是驚鴻一瞥，抑或夜深人靜，稍一勾動，心痛隨之而來，即所謂「創傷之痛」。

創傷來自記憶裡點點滴滴地的沈重，在成長歷程裡，一筆一筆地不著痕跡的固著在潛意識中；英瑪的創傷來自母親生病後對他失去的關注、失去的好奇、失去理所當然被照顧需求，期待落空的失望在心智(mind)裡形成空洞，失落的鬱鬱寡歡是憂鬱，高明心智運作持續地想留住母親，保護自己那一顆軟弱的心靈。

佛洛伊德在一九一六年的<創傷的固著-潛意識>(Fixation to Traumas- The Unconscious)一文中談到，「......創傷，是一個經驗，於短時間內，心智需承受過多過強烈的刺激，乃至於無法處理或者無法有常態性運作，此番心智的回應，將必導致能量運作調節的長久性困擾(干擾)。」常見的，「是一點一滴的累積，對事件主觀的經驗，或事件後的後遺症。」事件本身或許不那麼可怕，也許傷害發生的當下，主觀會帶給感受和經驗很大的影響，無疑地，像是在剎那間還來不及躲避的情況下，被震撼彈擊中，即使事過境遷，當年發生的一切都可能被

收藏，成爲情緒經驗的一處收容所，記憶回不去當年的時光，卻能使噩夢般的眞實場景不斷重演。的確，這是創傷在心理復原道路上，最爲艱困的一段漫漫長路。

母親重病住院，父親呢？電影裡只用一句話交代，遠赴非洲。雙親各有所掛各有難處時，誰來照料英瑪？沒辦法，只能往外送，曾有兩度英瑪被送往舅舅家，這是重要的快樂時光，第三回情非得已寄住伯父母家，可能弟弟不見蹤影、沒責任的性情令哥哥憤怒，怒氣遷移之下，讓他很不受歡迎，這還不算可憐，最後還落到無處可待的窘境，被迫送往兒童之家短暫安置。

無家可歸是外在眞實的創傷，流離失所和人情冷暖的勢態更是難以言喻，心理創傷影響深遠的層面是與母親的分離與失落。

無論怎麼說還是聽聽專家意見。佛洛伊德在一九一七年一篇很具分量的文章<哀悼與陰鬱>(Mourning and Melancholia)談到，臨床上的憂鬱現象會有失眠、食慾不振、體重下降、失去興趣……種種皆肇因於外在事件，例如失去親人、失去某些抽象的人事物(城市、建築、失去自

由、理想……)，繼而誘發內在心理能量往自我(ego)[3]之外投資的歷程改變(例如：將原來的我愛你，轉成我不再愛你)，轉而收回能量集結到自我之上，改以精神分析常用語：「憂鬱是愛的客體[4]的失落，力比多[5]能量從客體撤回到自我之上」的歷程，也就是，自我之上籠罩著客體的陰影，自我之上不再是一片藍藍的晴天。

當影子成形時，人會有痛的感覺。我的心很痛，常常從憂鬱者嘴裡說出。痛，是因為心理能量過度累積承載在自我的結果，人會為了舒緩痛的不愉悅感，採取必要的回應自救辦法，有些人投射在身體抱怨、有些人出現憂鬱或躁症、更有些人可以毫無知覺的像什麼事都沒發生過。憂鬱是為了持續願望滿足的幻想式病態現象，例如，找新的人取代失去的，不想放棄所愛，一再取代只會更讓愛的能力更加喪失，

---

[3] 自我(ego)，心智運作機制，於潛意識中依循現實原則掌理心智運作，調和原我(id)與超我(superego)的衝突。
Laplanche,J.& Pontails, J-B. (1988). The Language of Psychoanalysis. London: Karnac. Pp.130-143

[4] 客體(object)：愛或恨的對象，此處指的是所愛的對象。

[5] 力比多(libido)：Freud, S. (1916). On Transience. The Standard Edition 14, 303-307

承認失去才能重獲愛的能力，再度重新投注新的情感，此歷程稱之為「哀悼」。克萊恩 (Klein, M.) 認為哀悼是再度與外在形成連結的能力，因此哀悼是必要且常態歷程。

孩子的憂鬱不一樣。因為孩子沒有充分的語言、認知表達情緒和感覺能力，往往需要仔細觀察日常情緒與行為變化，包含情緒躁動不安、食慾改變、睡眠變化、不易安撫或失去玩樂興趣，嚴重者還會有語言、認知、身體或情緒發展遲緩的困擾等等 (DC:0-3R, 2005)，此等涉及比較複雜的發展相關性議題的鑑別評估，在此不多作討論。

幼童想要的是安全感

有段重要的歷史，英國在第二次世界大戰爆發期間計畫撤離家園，當時倫敦當局決定疏散市區百姓，首先將幼童後送到安全郊區避難與母親分開安置政策。

當年鮑比、米勒和溫尼考特在小兒科門診觀察到這些孩童的心理變化並不如預期樂觀，因此三人聯手寫了一封信給英國政府 ──「小孩

子的撤離」，並於一九三九年發表於英國醫學期刊(Bowlby, J., Miler, E. & Winnicott, D.,1939)。信裡寫道，請當局留意2-5歲孩童經歷疏散撤離可能引發的心理問題。他們引述當時倫敦兒童門診資料，因為外在事件的變化被撤離的孩童與母親分離的影響值得深思，同時要考慮分離年紀與分離時間，尤其年紀越小與母親分離，超過六個月或更長時間，對心理發展與成長有更大的影響；這些孩子有些會出現睡眠難安穩、焦慮、愛生氣、飲食困難、思親的沮喪感......。

安置撤離作為保護孩童的思考觀點遭受學界強烈反對，但第一線工作者提出觀察與抗議，她們看到這些孩子展顏歡笑並沒有不快樂也沒有所擔心的問題。鮑比提醒，孩子的強顏歡笑是偽裝，信中所要強調的是......請留意著孩童與母親的分離，可能成為發展上的潛藏危機，影響未來人格發展。

二戰期間與戰後，他們協助英國政府為撤離倫敦的孩童和青少年心理諮詢發現兩個現象，第一，孩童失去支持性環境經驗(a strong holding environment)與隔離後送的戰爭經驗，和常態性的情緒發展比較之下有所不同。溫尼考特

留意到孩童違抗行為(antisocial tendency)出現之前會先呈現一些細微的情緒起伏，例如情緒躁動、不安、失眠和情緒憂鬱等等，意味著違抗行為隱含有內在心理情緒意義，行動上可能會觀察到尿床、遺糞、偷竊......等等，行動隱含意義可能會是孩童當時處境面臨失能前的求救訊號，而且，違抗（antisocial tendency）和非行(delinquency）行為有相同問題根源——剝奪（deprivation）（Abram,2007）。

回到影片想想英瑪的搗亂與焦慮行為，是擔心母親死掉，又或者是某種求救訊號也說不定。他總是有意無意地惹動臥病在床母親發怒且無法休息，最後迫使母親放下書本離開床，處理他與哥哥的之間的吵鬧紛爭。有一回，早餐時間，他親手為母親準備早餐，烤麵包、沏茶，小心翼翼端入臥房給母親，問候著母親：「書好看嗎?」她沒有回應，英瑪低頭默默地回到廚房餐桌上，這時候，媽媽從臥房走到廚房手裡拿著烤焦的麵包，彷彿指責：「你做的不好！」把烤焦麵包用力一扔，投入垃圾桶，英瑪看在眼裡，默不說話，靜靜的喝著為自己準備的牛奶，或許是媽媽的情緒讓他擔心，手竟無法抑制的抖動，哥哥在一旁嘻皮笑臉的說：

「喔!又來了」(英瑪手抖,神經性緊張發作),他手握著裝滿牛奶的杯子,不知為何地抖個不停,抖著抖著抖著,就是沒辦法穩妥的朝向嘴巴喝下,又加上哥哥鼓譟逗弄,於是牛奶撒了滿臉,母親又發怒了!英瑪羞愧的靦腆一笑。

按照溫尼考特的督導,克萊恩女士對嬰幼兒神經質的思考,可能會把牛奶視為母親的替代品,英瑪在喝下與不能喝之間的神經質張力,是來自潛意識對母親的憤怒攻擊慾望無法順利抑制的行動,又或者有多少是為自己沒有好好照顧母親的罪咎感也說不定,當然未必只有這個觀點。

進一步細思,母嬰關係與幼童的信任與安全感。先說一個小故事,精神分析師鮑比在二戰之後,轉而著迷達爾文的演化論,同時深受動物學家康德拉・勞倫茲(Konard Lorenz)影響,兩人出生與離世約莫同時期,勞倫茲有一則動人故事〈所羅門王指環〉,驚訝的提到他的發現:小雁鵝破蛋而出見到的第一個活物,就視之為母親,類似的真人真事電影〈返家十萬里〉說的正是這個有趣的生物原初現象——銘印(Imprinting)。當然鮑比想弄清楚的是人類早期

依附是否與雁鵝類似，於是一九六零年他提出了發展心理學非常重要的嬰幼兒「依附理論」（Attachment Theory），說明人類有類似動物的安全依附需要，透過母親或主要照顧者提供穩定安全的信任關係，是奠定未來人際與尋找另一半的基礎，鮑比提出如此重要的理論很令人振奮。只可惜至今世人單單記得他的「依附理論」，卻早已遺忘他曾經與溫尼考特師出同門是一位精神分析師。

再深想，早年的經驗既是如此重要，是否會左右未來戀愛對象選擇?有一篇必讀且百讀不厭的文章——佛洛伊德在一九一四年的「論自戀」，將客體選擇區分成兩類，以自己和照顧著他的女性做為未來對象選擇原型，也就是以自戀的方式找尋和自己相仿的人，或以曾經依附照顧他的對象為選擇，當然男女有別，男性傾向選擇愛他所愛的對象(依附愛戀客體)，女性比較傾向愛跟自己一樣的對象(自戀性客體)，簡約分類的概括性說法有理解的便利性，實際臨床上是複雜許多。

最後談談乳房、母親、愛人與青春期性啓蒙。電影裡有兩幕很迷人，一幕是青春期對性

的好奇與幻想，另一幕是裸女與嬰孩的「初為人母」雕像，各人感受大相逕庭，有人覺得是藝術、有人嚴重抗議這是猥褻或褻瀆，精神分析觀點卻是一個孩子對母親的好奇。

青春期性啟蒙

一群孩子聚集在地窖研究如何發射小雞雞，探索小孩怎麼來的幻想。

「女生的身體裡有個像瓶子的東西」哥哥手裡拿著酒瓶，「你要插進去，在兩腿之間」哥哥解釋著，「朝這裡發射，就會有小孩了」。哥哥脅迫英瑪做示範，既好奇又害怕的他從褲袋裡掏出小雞雞放入酒瓶口，張大眼盯著這一幕，「大家都懂了吧？就是這樣」，哥哥很神氣地自以為瞭解地說。糟糕！一時情急竟然卡住，拔不出來，好慘！小孩們竊喜又驚嚇得紛紛離去。

初為人母

「我知道女人的胸部長怎麼樣」吹製玻璃

員工說。「哈囉!貝麗,哈囉!」英瑪仔細聽成人對話、模仿著成人的打情罵俏,偷偷繞到貝麗後方,用力往臀部一拍後看著貝麗,「你今天愛上誰了?」貝麗俏皮問,「當然是妳」英瑪笑著回應。

當地藝術家邀請貝麗擔任「初為人母」雕像裸體模特兒,她央求英瑪陪伴,看門,但他實在太好奇了,終於忍不住悄悄地爬上屋頂玻璃窗前正準備往下探頭,一個不小心,整個人朝貝麗身上墜落,於是乎,從天上掉下來的嬰兒與母親成為最後的成品,藝術家詮釋這是一幅美麗的畫面:「母親將寶寶從子宮舉向天空。」

青春期的好奇與什麼是青少年?唐諾·梅爾澤(Meltzer, D.)曾說,「青春期是一群快樂或不快樂的人,卡在『正要脫離』(unsettling)潛伏期與『正要安頓』(settling)到成人生活的階段」。青少年期被視為是個人發展過程中,一個非常重要的階段,重要的人格面向在這個關鍵時期

開始形塑，並整合成一個較協調、穩定的自我感，尤其是伊底帕斯幻想6，幾乎可以成真的危險情境，讓青少年出現異常的不合作或叛逆行為，大抵是因為心智與身體的成熟有極大的落差，儘管此階段的青少年身體已成熟到可以懷孕生小孩，然而心智依然還像個孩子般，在性焦慮驅使之下，往往少男少女傾向偏好同性作為同儕玩伴，再者受制於嬰兒神經質面臨青春期的身心因素的變化，加上伊底帕斯情節的運作，攪擾即在動態不穩定的心智結構中再度被誘發，換言之，伊底帕斯情節會激起另一波焦慮浪潮，尤其男孩與母或女孩與父關係的緊張，乃至於出現強烈的反常叛逆、以及不順服等現象均相當普遍，是必經的常態發展歷程，身為父母必定相當失落，好像失去了乖兒子或乖女兒，想想，這是你我曾經的經驗，孩子也不能免去的，得要吹奏出屬於自己的成長號角，能這樣想，或許就不會太沮喪，甚至可以為孩子的轉變感到驕傲，值得喝采地開香檳慶祝。

　　談到這裡，家庭、孩童憂鬱與母親的關係

---

6 伊底帕斯情節，源自希臘神話，伊底帕斯弒父娶母的故事，泛指父母與孩子之間的三角關係，例如，男孩傾向與母親親近，女孩傾向與父親親近。

顯然已經比較清楚了，還有一個問題未解，「憂鬱時，愛的力量從哪兒來呢?」佛洛伊德的答案是，在哀悼歷程，愛的能力漸漸回復。克萊恩也同意哀悼的必要，但不可忽視母親愛的光輝；她認為自我之上不是陰影籠罩，是被母愛的光輝所環抱。兩者的差異有其理論假設上的基礎，在此目的不在論孰是孰非，乃是一種思考觀點。

有意思的是，導演重複使用同一個畫面「星空」，影片出現幾回星空獨白鏡頭，鏡頭重複、行為重複和經驗重複，都讓精神分析有機會表達看法，日月星辰是大地、天地的一份子，克萊恩用象徵意義詮釋「天地」(natural)有母性、聯結之意：「獨白的星空下，母親在我心裡與我對話」，以此解釋:「英瑪仰望著星空喃喃自語......」這一幕。

莊慧姿

高雄醫學大學行為科學研究所碩士
臨床心理師
臺灣精神分析學會會員
專職於精神分析取向心理治療，嬰幼兒心智健康諮商

我現在只想什麼事都不做
不想再擁有，
不想再有回憶。
朋友、愛情和牽掛，
這些全是陷阱。

————茱莉,「藍色情挑」

聆聽創傷變奏曲

「藍色情挑」中的創傷、憂鬱與超越

葉怡寧

　　我在想，為何談創傷？

　　2016年小年夜清晨芮氏規模6.4的大地震造成台南維冠大樓倒塌，瞬間奪走一百多條人命。鄭捷全身血跡斑斑的坐在捷運地板上的畫面，還沒有從人們的記憶中消失；更驚悚的捷運小女孩斷頭事件，持續衝擊大眾敏感的神經。地震、海嘯、颱風等天災頻傳，各種恐怖攻擊和無差別大屠殺似乎成了世界潮流。拜網路與傳播媒體的發達，當大災難發生時，我們每天接觸跟這些痛苦情境相關影音，心情也隨之低落憂鬱。

為了找回心靈的平靜，我們內在的防衛機轉[1]開始作用。人們從剛開始的焦慮恐懼，頻頻驚呼「怎麼會這樣？」「這是真的嗎？」到最後無可奈何地漸漸麻痺。

人世間無數的災難，連結到心理的創傷。生命體從脫離母親溫暖的子宮的那一刻起，終究會與命定的逆境相遇。期待人生一帆風順，基本上是緣木求魚。我們都依賴「剛剛好」的挫折刺激心智成熟。高僧黃檗希運在他的《宛陵錄》中的詩句：「不經一番寒徹骨，爭得梅花撲鼻香？」可以是這個心智現象的最佳詮釋。

然而，過多過早的挫折刺激，我們稱之為「創傷」。創傷和挫折不同。挫折可以被克服，被處理，被昇華；挫折是「寒徹骨」，可以讓人生的梅花「撲鼻香」；適當地挫折增進心智成長。

創傷則是「土石流」，將梅樹連根拔起，

---

[1] 心理防衛機轉(Defense mechanisms)是自我(Ego)為了因應外在和內在的焦慮，必須發展出各種面對焦慮情境的方式。在潛意識中，自我防衛機轉否認或扭曲現實。當自我防衛機轉適度地被使用時，壓力就會降低，心靈回歸平靜。但若是經常性使用某些較為原始的心理防衛機轉，會成為一種逃避現實的病態模式。

失去成長的根基。嚴重的創傷會全然摧毀個人內在的心理防衛機制，造成的傷害是巨大且長久的。

創傷對心理發展和內在動力會產生何種影響？創傷跟憂鬱的關係為何？人到底能不能超越創傷，得到真正的自由？本篇文章藉由「藍色情挑」這部電影情節的描述，試圖探討創傷與憂鬱相關的議題。

「藍色情挑」，挑起的是？

這齣1993年的電影「藍色情挑」（Three Colors: Blue），是藍白紅「三色」電影中的第一部作品。導演奇士勞斯基（Krzysztof Kieslowski, 1941-1996）無疑的是一位世界級電影大師。他以拍短片和紀錄片起家，技巧日益成熟後挑戰劇情片，屢有佳作。

「三色」電影是奇士勞斯基導演巔峰之作；繼1991年「雙面薇若妮卡」（The Double Life of Veronique）之後，奇士勞斯基持續探討人與人之間的關係連結、心靈的幽微處與存在議題。

藍白紅三色分別象徵自由、平等、博愛；三色電影互相獨立，但某些主題又略有關聯，相互呼應。「藍色情挑」以一場死亡車禍作爲開場白，訴說著女主角茱莉經歷喪夫喪女的創傷，重新尋回生命自由的歷程。爲了擺脫哀慟，茱莉拋棄既有的生活，處理掉財產，另覓居所，展開新的生活。茱莉葉畢諾許[2]飾演的女主角茱莉，在劇中有大量內心戲。她的台詞雖然不多，但演技精湛，片中運用面部特寫，非常細膩地展現出女主角情感的糾結和內心的掙扎。

電影另一個特點是，片中許多茱莉的感覺和情緒上的轉折，是用色彩和音樂來表現。在色彩方面，片中出現大量深淺不同的藍色光和影，甚至全黑的畫面。沒有任何台詞，卻可以讓觀眾直觀式地感受到茱莉當時的心境和情緒。

電影中的配樂亦精采無比，音樂家澤貝紐‧普萊斯納（Zbigniew Preisner）與導演奇士勞斯基合作多年，音樂表現切中電影氛圍的精髓。普萊斯納以當代古典音樂的風格譜寫配樂。「藍色情挑」的女主角茱莉和過世的丈夫都是音樂家，片中出現多首古典樂章片段，貼近女主角

---

[2] 茱莉葉畢諾許因此片獲得凱薩電影獎和威尼斯影展金獅獎最佳女主角。

的情緒。音樂的出場很有意義，強烈的交響樂章（有時只有一小節甚至半小節的旋律），詮釋出茉莉當時的情感，搭配突然螢幕顏色的轉換，給人視覺和聽覺上的雙重震撼，也是高級電影藝術技巧的展現。

劇名「Three colors: Blue」，直接翻譯是「三色：藍」。只看直譯的片名很難了解片中內容。藍色象徵「自由」，但形容情緒時，我們也常用藍色表示「憂鬱」，呼應了電影中女主角的主要情緒和電影主題。中文片名「藍色情挑」，除了「藍色」，又加上的「情挑」兩字，有些人批評此舉畫蛇添足，將重點導向了強調女主角的感情世界。但「挑」這個字，確實有一種什麼情態被觸動了的意味。在一開始，茉莉決定放棄一切，遠離回憶帶來的傷痛，將自己囚禁在與世隔絕的防衛狀態中。然而，生命繼續前進。命運帶來諸多邂逅和揭露，不斷挑戰她自我保護的高牆，再度挑動她的生命之火。

然而，什麼是「創傷」（Trauma)？

在電影的開頭，一切都看似平常：一家人開車快樂出遊；小女孩看著車窗外來來往往的

車輛；長途開車的爸爸在休息時走出車外伸伸懶腰；路邊等著搭便車的青年，無聊地玩弄著紅色的線球......突然間，煞車聲加上「碰！」的一聲巨響，車子撞上路邊的大樹，冒出濃濃黑煙。幸福家庭進行曲，就此變調。

　　卡洛琳‧嘉侖(Caroline Garland)在她的〈思考創傷〉(Thinking about Trauma)[3]的論文中，開宗明義提到，創傷(Trauma)就是一種傷口(wound)。這個希臘文借用過來的字，形容皮膚被撕裂，身體的外部完整包覆出現破綻，身體組織受到損害。1920年，佛洛伊德使用這個字，象徵性的強調生命中的創傷事件，可能會造成人類的心智的撕裂和受傷。這樣論述，形容心智似乎被一層類似皮膚的東西包覆，而創傷來自於心智外膜的撕裂。佛洛伊德形容腦部發育的結果，應該是對外在刺激有高度的選擇性。這種選擇性是很重要的，它可以確保發展中的心智不會受到過度且過多的刺激，並且保持心智的平衡運作。

　　以上論述呼應的英國分析師溫尼考特

---

[3] Garland, C. (2002) Understanding Trauma: A Psychoanalytic Approach. Karnac book

（Donald Winnicott）著名的宣言：「沒有所謂的『嬰兒』這回事！」換句話說，「嬰兒─媽媽（照顧者）」同屬一個心智單位。沒有媽媽（照顧者），嬰兒不可能獨自存活。嬰兒必須在母親的懷裡，得到保護和滿足。

除了身體的照顧，母親將自己的心智提供給嬰兒，她時時刻刻想著嬰兒的狀態，為嬰兒阻擋掉可能的傷害，讓來自外在環境和情緒的負面刺激，不至於影響嬰兒的心智發展。她在嬰兒可以承受的範圍裡，把這個真實世界一點一滴地帶給嬰兒。因此，險惡的成長環境、無法同理嬰兒感受的母親（照顧者）、對嬰兒需求的長期錯誤回應、嚴重忽視情緒或身體的虐待，都有可能導致人格發展上的扭曲和病態。

若一切順利，不知不覺地，小孩在成長的過程中，將提供照顧的好父母形象，內化為心智中的好客體。這個好客體可以在他們的人格中，形成一股穩定的力量。在長大成人，離開父母後，繼續照顧自己，甚至照顧身邊的親朋好友、伴侶和下一代。

然而發生在生命中的嚴重的災難事件，還是可能在一夕之間，摧毀人的內在信念和心智

功能。真實世界中的災難,不論是天災人禍,可能在第一時間重創受害者的身與心。茉莉在醫院醒來,被告知先生和女兒的死訊,她在瞬間意識又陷入模糊。當災難太過巨大,難以承受,心智開始拒絕承載過多負面的刺激,進入休克狀態。心智休克可能表現出急性壓力症狀:過度睡眠、記憶力差、無法專注、情感麻木、行屍走肉等等。

肯恩‧威爾伯(Ken Wilber)[4]形容,當災難發生時,腦中往往升起奇怪的念頭:「宇宙突然變成薄紙,有人在你眼前把這張紙撕成兩半。我因震驚過度而有一種非常堅強的感覺,這份堅強來自徹底的衝擊和茫然失措……『面對死亡能使你的心格外專注。』沒錯,我的確格外專注,但我們的世界被撕成了兩半。當天所有的事好像都以慢動作進行著,就像痛苦的停格畫面,沒有任何保護和過濾。」

沒有任何保護和過濾,創傷硬生生地插入我們的意識當中,破壞了心智保護和防衛。目睹到自己或他人的身體完整性受到威脅到實際

---

[4] 肯恩‧威爾伯為一著名的超個人心理學家,本段取自他與前妻的抗癌修行日誌《恩寵與勇氣》

上被侵害的事件；或是經驗到巨大的失落，可能導致強烈的無助和恐懼。

對世界的認知整體性的崩潰，世界被撕成了兩半，一半是恐怖的現實：我們的存在如此脆弱，隨時可能會被暴力侵害，被死亡抹滅。另一半是庸庸碌碌地日常生活，柴米油鹽醬醋茶式的平凡的人生。命運的滾輪傾斜，失去了平衡。受創的人在一夕之間不知道要如何繼續生活。對受創者來說，熟悉的生活模式突然消失了，取而代之的，是無窮的失序與矛盾。

在成長的過程中，人們一點一滴建立起的對這個世界運行模式的信念。在災難中，所仰賴的信念徹底地粉碎，安全感蕩然無存。整個世界在一夕之間變得充滿危機，無法預測。更嚴重的狀態是，受創者的心智結構也受到打擊。過去可以使用的心理防衛機轉都失去功效。這使得受創者更陷入無助的狀態，並且被內在和外在環境所引發的焦慮全然擊潰。

創傷與憂鬱

茉莉被告知先生和女兒皆死於車禍。顯然

獨自存活對茉莉來說是太沈重的負荷。她用點滴架打破落地窗的玻璃，引開護士，進入到護理站偷拿藥物，將整罐藥物倒入口中咀嚼吞服，企圖自殺，但她旋即將藥物吐出來。護士回到護理站，沈默地看著茉莉。茉莉不斷地向護士抱歉：「不行，我做不到。抱歉打破了你的窗……」護士理解地安慰茉蒂：「沒關係，再換一個就好了。」

茉莉打碎了醫院的落地窗玻璃。這個不尋常的暴力舉動，顯現的可能是她在創傷中的情緒經驗：失去了親人，她的世界一夕間被粉碎了，她覺得非常憤怒。依照克萊恩的觀點，在特別困難的時刻，人破壞性會變得過於強大，想要毀滅整個世界，不留活口。這點也反映在茉莉的自殺行為上，但是她同時為自己的破壞力而感到罪咎。

茉莉的的自殺並不難理解，也值得同情。或許她認為失去丈夫和女兒的生命已經沒有意義，她渴望加入死去的親人，邁向永恆的黑暗。然而，自殺畢竟跟意外喪失性命無法相比。自殺仍是一種暴力，一種殺「人」，只是殺的對象，這個「人」是自己。

關於精神分析對自殺的探討，1910年四月，維也納精神分析學會（Vienna Psychoanalytic Society）曾舉行過一場自殺研討會。佛洛伊德在此研討會中擔任主席。相較於阿德勒和許戴克，佛洛伊德在研討會中的發言僅有簡短的前言和結語[5]，即是〈論自殺〉(On Suicide)這篇論文[6]。雖然佛洛伊德的論文簡短扼要，卻指出了他日後思想發展的方向。他指出，若要瞭解自殺，須先了解哀悼和憂鬱錯綜複雜的歷程。

佛洛伊德隨後在1917年發表論文〈哀悼與憂鬱〉（Mourning and Melancholia)[7]。這篇重量級的論文，是精神分析理論發展的分水嶺：描述原始的內在客體，認同理論的根基，以及超我的形成。

佛洛伊德在此篇論文中主張，失落是導致

---

[5] 佛洛伊德對「自殺」議題發言相當的有限，關於此事的後見之明：佛洛伊德的死亡被認為是協助自殺。在長期深受病痛之苦，佛洛伊德決定請家醫科醫師協助他步向死亡，而非靜待末期腫瘤取他性命（Jones,（1953)The life and work of Sigmund Freud. Oxford, England: Basic Books）。

[6] Freud, S. (1910). Contributions to a Discussion On Suicide. Standard Edition, 11：231-232

[7] Freud, S. (1917), Mourning and melancholia. Standard Edition, 14:243-258

憂鬱的主要原因。眼前的失落會重新召喚起童年的陰影：不論是真實的失落或是象徵性的失落經驗。相對於哀悼者，憂鬱者不願撤回投注在客體上的本能，而是將失落的客體納入其內在世界，並且將自體的一部分視為客體。經由此認同的過程，憂鬱者的內在分裂為兩個部分。帶著被拋棄的憤怒和恥辱，憂鬱者會對「被認同為客體的自我」，採取最猛烈最嚴厲的攻擊和貶抑：「我好爛！我好糟！我應該死一死算了。」這個認同的過程，也可以解釋憂鬱者的自殺行為。

「自我(ego)對自身的愛如此強烈，我們視之為本能的生命延續所源自的原始狀態，而自戀的原欲(narcissitic libido)是如此龐大……也因此我們無法了解為何有人會甘願自我摧毀。……如今對憂鬱症的分析顯示，由於客體灌注(object-cathexis)的發生，唯有自我把自己視為客體時才可能殺死自己。」

(Freud, 1917)

佛洛伊德認為憂鬱是自我認同了失落的客體。憂鬱其實是一種將攻擊性轉向自我的現象。克萊恩則主張，留在「憂鬱心理狀態」的人，遇到災難和失落的打擊時，會回到早期失敗中，

需要重新整合內在世界中好與壞的客體。相反
的，在兒童時期成功地完成「憂鬱心理狀態」
發展任務的孩子，對於長大後生命中所碰到的
失落，會有免疫功能。這或許可以解釋個體面
對災難的巨大差異，有些人可以接受失落，將
災難和打擊視爲生命或成長的一部分，賦予新
的意義；有些人則是一蹶不振，全然相信自己
已經被世界放棄，失去活下去的勇氣。

逃離創傷：閉上眼睛，就以爲看不見？

　　失去摯愛的先生和女兒，茉莉的生活一夕
驟變。她回到家，跌坐在先生的書房門口，藍
光的反射在她臉上跳動，她默默留下眼淚。茉
莉變賣房子，委託財務顧問照顧僕人和住在安
養院的媽媽。茉莉的先生是著名的作曲家，正
爲歐洲共同體譜寫歌曲。茉莉到先生的秘書處，
取出先生的手稿（上面有許多茉莉修改過的記
號），丟到垃圾車中。她只帶著書包和一個紙
盒，獨自尋找新的住所，展開全新的生活。

　　電影中有一幕，茉莉在藍色的泳池游泳。
泳池中只有她獨自一人。她要上岸時，耳邊突
然響起先生所譜的樂曲。茉莉彷彿被電擊，她

再度潛入水中，搗住雙耳，彷彿受不了這突然而來的回憶。

茱莉毅然決然地拋棄一切，投入新生活。對於先生和女兒的美好回憶，更加深她的失落，所以她情願選擇什麼都不要。她說：「不想再擁有，不想再有回憶。朋友、愛情和牽掛，這些全是陷阱。」陷阱是什麼？對先生女兒回憶讓茱莉陷入痛苦，她被囚禁在失落的牢籠中。過去越美好，眼前的失落更形巨大，更令人無法忍受。為了獲得自由，她選擇放棄擁有，切斷回憶，離開傷心地。

經歷重大創傷的人，可能會用「隔離」或「逃避」的方式，避免經驗到跟創傷有關的想法、感覺、人事物。茱莉為了避免傷痛，徹底割捨了過去的生活。她遠離人群，不再作曲，保持疏離。劇中有一段，描述第一個發現車禍現場的青年與茱莉見面，要將茱莉的十字架項鍊還給她。十字架項鍊是來自先生的禮物。茱莉漠然地接過她配戴多年的項鍊，有一瞬間畫面又變為黑色，交響曲旋律出現，茱莉旋即將項鍊轉送給青年。之後青年詢問茱莉，先生臨死前說的話有何意義？茱莉笑出聲來，轉述先

生講述的一則笑話，先生臨死前是在重複笑話的最後一句。茱莉雖然可以笑談先生最後的話語，但此時並不是真正的解脫，而是選擇「隔離」：「先生的一切與我毫無相關，故失去了他，亦無切膚之痛。」看似舉重若輕，但必須犧牲掉，與之連結的情感和愛的能力。

「因為愛會讓我受傷，所以我選擇不再去愛。」令人心痛的選擇，邏輯卻很簡單：為了活下去，不得不切斷與死去親人的連結。然而，人真的有可能選擇遺忘來擺脫傷痛？精神分析的研究告訴我們：「有，但這可能不是意識主動選擇的結果。」

佛洛伊德在研究「歇斯底里症」之時，發現了潛意識的秘密[8]。為了逃避令人痛苦的思考、記憶和感覺，歇斯底里症的病人會把創傷的經驗和不能接受的衝動，「壓抑」(Repression)[9]到潛意識之中，藉以消除焦慮和憂

---

[8] Freud, S. (1893-1895). Studies on Hysteria. SE 2:3-305

[9] 壓抑(Repression)是很重要的一種防衛機轉，也是其他防衛機轉的根基。壓抑是用來消除令人痛苦的思考、記憶，或用來排除不能被社會道德接受的衝動。Freud (1894) 在治療歇斯底里症的病人時，發現發生在童年的性侵害等創傷事件，常常經由壓抑而成為潛意識，之後轉化為身體的症狀。

鬱等負面情緒。然而，被壓抑的感覺和想法，往往藉由「症狀」發聲。症狀使病人受苦，但回憶更苦。當病人回憶起被遺忘的創傷事件，能夠接受和面對此一創傷在他生命中的意義，跟創傷相關的情緒和症狀就會消失。奠基於此理論，當代精神分析的治療技術於是誕生。

然而，由「創傷」到「症狀」，畢竟是漫漫長路。傷痛卻在此時此刻，如此真實的存在著。

吞噬傷痛，還是被傷痛淹沒？

回到空蕩蕩的家中，茉莉將皮包裡的東西，一股腦地倒在地上。在一推雜物中，她發現一根女兒的糖果（片頭曾出現女兒在車窗外把玩糖果紙的畫面）。撕開包裝紙，茉莉把藍色的糖果放入口中吸吮，接著她用力的把糖果嚼碎，大口吞嚥。茉莉接著打電話給先生的朋友，音樂家的奧利維，邀請他到家裡。奧利維暗戀茉莉許久，在滂沱大雨中趕來。兩人在只有一張床墊的房屋裡翻雲覆雨。

隔天早上，茉莉泡一杯咖啡給奧利維，接

著告訴他：「我也是一個會打嗝會放屁的平凡人，您不會想念我的。」接著，她頭也不回的離開傷心地。

　　英國客體關係之母梅蘭妮‧克萊恩（Melanie Klein）是佛洛伊德之後，最有影響力的精神分析理論家之一。她對於嬰兒的心智狀態觀察有著過人的見解。她描述嬰兒一出生具有原始且不整合的自我，因為「生存本能」(Life instinct)和「死亡本能」(Death instinct)的影響，嬰兒的原始心智處於一片渾沌且混亂的狀態。初生嬰兒因還沒有發展出「他人是一個整體」的概念，所以會將照顧自己，餵養自己的媽媽視為一個「好客體/乳房」。嬰兒也會把生理上的刺激（肚子餓、尿布濕、腸絞痛等），幻想為有壞的東西在攻擊自己的內在，因此衍生出被害的焦慮。為了處理這些焦慮，這個嬰兒原始自我會在幻想中將這個壞的侵略驅力（來自死亡本能）分裂開來，並且投射到外在對象：母親的乳房之上，形成「壞客體/乳房」。嬰兒相信自己的愛和恨，會對幻想中的客體有真實且強烈的衝擊。因為他的衝動（在幻想中）無所不能，因此非常危險。將好客體和壞客體分開，保護好客體，攻擊壞客體變成攸關性命。此時嬰兒的

心智狀態，稱為「妄想分裂心理位置」（Paranoid-schizoid position）[10]。

人在創傷發生之後的內在心理變化是：不但失去照顧保護自己的好客體，並且被全然丟給恐怖嚇人的壞客體。賴以生存的世界變得動盪不安、充滿恐懼與被害的感覺，回到了克萊恩所描述的「妄想分裂心理位置」。外在創傷事件證實了潛意識內在最深層的恐懼和幻想：死亡的焦慮、好客體的失敗、壞客體的強大和虐待。

出生幾個月後，隨著認知發展，嬰兒開始經驗到「完整客體」：這個乳房（客體）既非全好，也非全壞，有時好，有時壞；好乳房和壞乳房不再是分開的客體，而是母親不同的特徵。母親是一個完整的人，擁有自主性。嬰兒的心智狀態，於是進入了「憂鬱心理位置」（Depressive position)。嬰兒的被迫害妄想的焦慮減輕了，但對自己的之前攻擊破壞，對愛的客體的傷害，感到罪疚感和恐懼。出於對所愛客體的愛和關懷，嬰兒心智出現修復客體的幻

[10] Klein, M. (1946) Notes on Some Schizoid Mechanisms. *Int. J. Psycho-Anal.*, 27:99-110

想[11]。

茱莉為何將女兒的糖果咬碎？這樣的舉動，依照克萊恩觀點，似乎象徵茱莉的心智退化到「妄想分裂心理位置」。口腔的攻擊吞噬，要把可怕的壞乳房咬碎，生吞活剝。另外，將女兒的糖果吞下肚，同時也將好乳房納入自身，獲得保護和滋養。

然而，吞食完糖果的空虛感，讓茱莉感到心慌。茱莉的心智回到「憂鬱心理位置」：失去好客體，憂鬱再度席捲而來。茱莉於是召喚奧利維，兩人發生性關係。在克萊恩的理論中，「性」是關於愛、毀滅性與修復。但茱莉此時的性行為，比較像是狂躁的防衛(manic defense)，用來對抗「憂鬱心理位置」中的憂鬱焦慮(Depressive Anxiety)[12]。

在「憂鬱心理位置」，完整的客體無法被取代，嬰兒覺得自己是卑微地依賴著客體。為

---

[11] Klein, M. (1940) Mourning and its relation to manic-depressive states. In: Love, Guilt and Reparation and Other Works 1921-1945: The Writings of Melanie Klein, Volume I. London: Hogarth Press

[12] Klein, M. (1935) A Contribution to the Psychogenesis of Manic-Depressive States.Int. J. Psycho-Anal., 16:145-174

了解決失去客體的焦慮，嬰兒發展出狂躁的防衛，一種全能自大的幻想：我是如此完美，我不需要其他人！所愛客體的獨特性被否認了，所有的人都是一樣的，沒有人有任何特別。於是茉莉可以瀟灑地告訴奧利維：「您不會想念我的。」她要說的或許是：「因為每個人都如此平凡，我不想念任何人。」

在遭遇重大失落、拒絕、挫折時，人會不可避免的撤退，回到「妄想分裂心理位置」，或者由狂躁防禦所提供的保護之中。然而，克萊恩所描述的心理健康，並不是維持在某一個發育的穩定期，而是在不同的心理位置之間來來去去。愛與恨，破壞與修復的循環，加深了嬰兒與完整客體之間連結的能力，也讓嬰兒確認他的修復能力，可以平衡和彌補其破壞性。留在「妄想分裂心理位置」，藉由維持心理的分裂，可以暫時遠離痛苦的情緒。然而，自我疏離的代價是：喪失連結和修復的能力，也就是愛的能力。

逝者已逝，然後呢？

茉莉希望與世隔絕，但事與願違。在新的

生活中，樓下的妓女露西、路邊的吹笛男子、送還項鍊的青年、失智症的媽媽、千辛萬苦尋覓她的奧利維，一次次撥動她的心弦。茉莉意外得知先生在生前有一個要好的實習律師女友。驚怒之下，茉莉動身去找先生女友面質。見面後，茉莉驚訝地發現對方懷有身孕，並且是死去先生的骨肉。面對這「難解」，但被命運捉弄，造成「無解」的三角習題，茉莉如何抉擇？

茉莉以為拋棄對先生和女兒的回憶，就可以遠離憂鬱，但死去先生的鬼魂，不斷的用各種形式「復返」。生命中還是有人「保留」死去先生的一部分。

剛回家時，女僕瑪莉在廚房裡痛哭失聲。茉莉問她：「妳為何哭？」她回答：「我哭，因為妳不哭。我記得他們，怎麼忘得掉？」瑪麗保留了記憶。

秘書影印曲子的手稿，並寄給奧利維：「這些音樂好美。我知道妳會毀了它，所以我多印了一份。」秘書保留了手稿。

奧利維，繼承了音樂家的任務，保留了他的資料和生活照。

先生的情婦除了保留先生所送的十字架項鍊，更是保留了先生的遺腹子。

跟先生有關的回憶和物件一件件出現，讓茉莉逐漸明白，先生的存在是無法被拋棄和抹滅的。她最後選擇將房子送給繼承先生血統的遺腹子和先生的情人，似乎象徵她對死去先生的原諒、和解，甚至建立了新的連結。

人要如何克服失落？佛洛伊德說，藉由哀悼的歷程，人們能夠漸漸放棄失落的客體，而收回本能。而人要走出憂鬱，必須能將回收的本能，投注到新的客體，並且與之建立新的關係與連結。

超越創傷，邁向真正的自由

茉莉在片尾重拾先生的樂譜，完成了樂曲的後半部分。她完成樂譜後，打電話給奧利維，叫他來取樂譜。奧利維拒絕了，表示想自己獨立完成這首「歐洲同盟會曲」。茉莉掛上電話，思考著。她最後選擇自己去找奧利維。在兩人結合的畫面中，響起了歌聲和交響樂。

創傷後，茱莉選擇拋棄回憶，自我放逐，離群索居。然而，生命終會找到出口。當茱莉被奧利維拒絕時，她了解到，奧利維不是死去先生的替代品。她所面對的是一個擁有自主性，獨特完整的人，而不是隨便可以被取代、被忘記的、被拋棄的任何人。當她願意走出槁木死灰、自我設限的生活，跟新的對象建立連結，生命之火就可以繼續燃燒。

　　茱莉最終接受先生的死亡、原諒先生的情婦、照顧先生的遺腹子，這時愛和修復的力量就超越了恨。在克萊恩的「憂鬱心理位置」理論提到：「唯有『愛』能消弭『恨』。」孩子的發展任務，要能相信他的愛強過恨，能相信自己的修復能力，能撫平自己的破壞力帶來的損害。完成此發展任務，孩子能以愛和恨與完整客體建立關係。

　　在「妄想分裂心理位置」中，愛很純粹，但是易碎而淺薄。在「憂鬱心理位置」中的愛，因受過攻擊與修復循環性的歷練，因此更加真實，更加深刻。

　　電影最後一幕，在磅礡的交響樂中，一幕幕浮現：撿到十字架的青年、妓女露西、失智

症的媽媽、先生情婦與她肚中小嬰兒的超音波影像。最後出現的，是黑暗中茱莉流淚的臉龐。但這時茱莉的淚水，並不像剛開始痛苦，反而有一種解脫和平靜的感覺。隨著交響樂出現的合唱歌詞，點出了超越創傷最重要的元素：「愛」。

當我說著天使語言，
若沒有愛，
也只是鳴響的鐘。
當我擁有預言能力，
所有奧秘的科學，
所有的知識，
甚至於所有的信仰；
若沒有愛，
若沒有愛，
若沒有愛，
我仍一無所有。

藉由一連串的相遇、互動，茱莉的創傷得到了轉化。茱莉最終接受先生的死亡，原諒先生的情婦，照顧先生的遺腹子，這時愛和修復的力量就超越了恨。

超越創傷，絕不是壓抑情感，拋棄回憶。冷漠隔離也絕不可能達至真正的解脫。愛與修復是一條艱難的路，當事者唯有透過哀悼死亡，接受不幸，原諒、寬容、成全，把握新生活中每一個相遇時刻，修復受創的靈魂，才可能走出傷痛的陰霾，得到真正的「自由」。

葉怡寧
英國倫敦大學學院理論精神分析碩士
天主教聖功醫院身心科主任
臺灣精神分析學會會員

有兩種憂鬱，
一種是諷刺、尖酸、憤怒、暴力與充滿憎恨的；
另一種則是寡言、陰鬱、沒有生機、寂靜、孤獨
和昏睡。
兩者都很難撼搖和受到感動，
要能夠造成影響，
恐怕是要想像大地其實是充滿了火藥的炸彈，
為了自娛好玩，我必須要點把火來引爆。

—— 白遼士回憶錄(H. Berlioz, *Mémoires, 1869)*

冰冷與炙熱的憂鬱

楊明敏

憂鬱的面貌，隨著歷史、文化、社會的不同，以千變萬化的形貌出現，下文中並非要全面性的討論[1]，而是僅就一處一點的溫感，來呈現憂鬱，這個特殊的情感與冷熱的關係。選取梅爾維爾（H.Melville）的《錄事巴托比》(Bartleby the Scrivener, 1853)[2]，以及康拉德 (J. Conrad) 的《吉姆爺》(Lord Jim, 1900)[3]，呈現憂鬱給人冰冷或者灼熱的感覺。

炙熱的憂鬱

佛洛伊德在說明躁症與憂鬱全然相反的情

---

[1] 參考Robert Burton: The Anatomy of Melancholy, 1621, 2012, The Original Classic Edition.

[2] 《錄事巴托比》（1853,1972）梅爾維爾著，余光中譯，今日世界出版社

[3] 《吉姆爺》（1900, 1994）康拉德著,陳蒼多譯,桂冠

況時主張：「精神分析的研究已經為文說明，認為躁症的內容與憂鬱沒有兩樣，兩種疾病都是與相同的『情結』搏鬥，但極可能的，在憂鬱當中的自我臣服於這情結，然而在躁症當中，自我掌握了這情結，或者將它置於一旁不顧。舉例來說，一個貧窮的人，贏得了一大筆錢，長期以來對維生所繫的擔憂，瞬間被消解。或者，長期艱苦的奮鬥，終於得願以償的成功，又或者，處於長期重複、千篇一律的束縛與壓迫下，當事者受制於不當的位置，卻能夠在驟然之間解脫....等等這些情況。」（佛洛伊德<哀悼與憂鬱>, 1915）

這裡所謂的「情結」是什麼意思？這將在下文說明。然而自我屈服，又或者能夠掌控，將這情結擱置一旁，這種理論式的臆測，在臨床上又會是何種面貌呢？佛洛伊德此處是在說明躁症，然而《吉姆爺》提供了另一種景象，與其說是躁症，或許說為是種激動的、過動的憂鬱（agitated, hyperkinetic depression）更為恰當，此處我們稱為炙熱的憂鬱。

文學評論者主張吉姆的個性是難解的謎，在關鍵時刻往往與他的意志衝突最為劇烈，而

他的意志也因此無法運作正常。在閱讀這本小說時，讀者往往要努力地介入，在不同層次的敘事中（全知的觀點、敘事者親身體驗、傳聞得悉），加入自己的想像與詮釋[4]。因此在我們能詮釋之前，不仿先深入吉姆這個人物。

　　書中以倒敘開始，描述禁航、無法在船上工作時，吉姆作為為靠岸的船隻、船長，準備洗塵，替下次出航打點的船務員。吉姆的出場：「使你想起將發動攻擊的公牛......倔強的任性，卻沒有攻擊的成分，一身雪白的穿著，穿梭於停泊眾多船隻的港口，招待離岸數月的船長，打點下次啟航所需要的種種，人們喜歡他，只知道他叫吉姆」，縱使人氣好、能力佳，但是他總會突然離開一個熟悉的港口，而到另一個港口，總是往東行，「向太陽升起的地方前進，遠離白人，逐漸地他在東方的港口建立起聲譽，馬來亞人在他的名字上多加了一個音節『吉姆爺』」。

　　吉姆出生於牧師家庭，牧師的知識、風範與家居，似乎是村民世世代代，延續祖業不可

<hr />

[4] 參考 Albert J. Guerard Joseph Conrad. New York, New Directions, 1947

或缺的指標與依靠。但吉姆身為五個孩子當中的一個,卻在閱讀了「消遣文學」之後,居然嚮往離鄉背井的海上生涯,因此被送往訓練商船職員的地方學習,他逐步陞遷到位居第三的職位。平日在船上的桅杆居高臨下,時而面露輕蔑的表情,但是一般說來,他深得下屬的喜愛,在熙熙攘攘的船員當中,他的想像不斷馳騁著,想像中自己拯救了難民、在熱帶的海岸旁遭受蠻族的攻擊等等,在這些危難當中,他總是能克服障礙,忠於職守。學習期間,目睹了撞船的事件,在落海者被救起來之後,他才逐漸了解,究竟發生了什麼事,究竟什麼是真實的災難。這寶貴的經驗給他某種新的力量,對危險可以置之不理,有一種新的知識與新的自信產生,據此,他可以應付風與海的威脅[5]。

在船上實習經年後,他選擇任職於一艘舊船,船主是位中國人,船身的「健康」狀態不甚理想,是艘鐵鏽斑斑的船隻「巴拿號」。出航時承載著數百名擁擠的旅客,不幸卻遇上了船難,撞上海面的不明漂浮物。吉姆與幾位重要的船員得以倖存,但是被臨時組成的岸上法庭傳訊審判。原因是吉姆等人,被懷疑在發現船

---

[5] 這段書中的描述仍是倒敘,而且敘述者不明。

隻進水後，未善盡職責，惡意拋棄船上的數百名乘客。

在臨時法庭當中，小說的主要敘事者船長馬羅，適逢同一個港口。他回憶著看到吉姆的情景：似乎所有其他拋棄乘客的船員，都有著想要倖存的理由，唯獨吉姆，即使在法庭內，也拒絕流露任何害怕或想逃離的念頭。這讓在海上打滾多年的馬羅，深深為吉姆所吸引。

馬羅與吉姆的結識，除了在審理的法庭，也描述了在法庭之外，他們在餐廳的私人交談。吉姆表示絕不會像船長以及其他人想逃離之外，也提到了他的牧師父親：「他是最好的男人……受大家庭憂鬱的折磨……現在在國內的報紙中，他應該看見一切了……我永遠不知如何說明，他是不會暸解的」[6]。

對這段初遇過程的描寫，可說是交淺言深。對精神分析稍有涉獵的人，應該不難聯想，在這擔心中，一種移情的場景逐漸浮現：馬羅船長難道不就是他父親的化身嗎？

---

[6] 《吉姆爺》p. 64-65

在喟嘆自己的父親「情結」之後，懊悔令父親蒙羞，是擔心不再為父親所愛嗎？吉姆急欲擺脫屬於犯罪、遁逃的一群人，而馬羅則困惑於「他到底是要幫助誰」？沒有人能了解為何他要巧妙地迴避自我了解。但是其實不然，吉姆鉅細靡遺的描述船難發生的細節，整個過程他並沒有積極的行動來棄船，置數百人的乘客於不顧，而是在最後關頭，是什麼鬼斧神工？還是別人的敦促？或是自己的懦弱？他才付諸行動，棄船縱身跳到救生艇：「好像我跳到一個井中……跳到永恆的深洞……」。吉姆在馬羅面前對船難經過的回憶，像是年少者在睿智老者面前，半是認為他會了解一切，半是認為他已年邁昏庸、人云亦云，在救生船上吉姆遙望著被廢棄的船隻，心中仍折磨的反覆思量：「自己是否不應該離開，應該堅持留在巴拿號上？」作為讀者，也許可以聯想：他是否不應該離開陸地，他是否不應該離開家鄉？

但是奇蹟發生了，事實與想像、懊悔大相逕庭。這些身經百戰的船員認為即將沈沒的破舊船隻：巴拿號，居然令人意出望外的，漂浮在海上多時後，得以被經過的法國船隻拯救。經由法國船長的指證，船難的原因不明，巴拿號的老舊要負部分責任，而船上的人員也有輕

忽責任，吉姆的航海執照因此被吊銷。與吉姆交談過的馬羅，被他的性格吸引、寄予無限的同情，因此汲汲營營地為他找出路。但是馬羅到底是被吉姆的什麼特質吸引呢？

馬羅聆聽著吉姆描述自己離開巴拿號，側身於救生船上，身體與這些人雖然同在一艘船，但自己不認為與他們同類，馬羅是這樣描述的：「他是人們喜歡在周遭看到的年輕人，是那種你喜歡想像自己曾是的人；這種人的外表引發了一些意象，這些意象你認為已經消失、消滅、變冷，而在一個火焰接近時，又有重新被點燃，在很深的地方閃動著……」這是馬羅的投射性認同(projective identification)嗎？一般說來，是我們不見容於自己的部分，而認為這是屬於別人的，但這裡顯然不是如此，而是一種美好又失去（或者，從來未曾擁有過）的部分，馬羅在吉姆身上感受到了，這是種父親對鍾愛的兒子的感覺嗎？汲汲營營地，馬羅用長年累積的人脈與經驗，在現實中安排吉姆的職位，但這努力終究無法遏止他從一處漂泊到另一處，事情總是如出一徹，先是受到人們的歡迎，接著像是自我放逐似地，突然辭職。（例如：聽到

人家又在談論巴拿號的事件）

　　鍥而不捨的馬羅，最後尋求好友史坦因的幫忙，將吉姆安排在化外之地，離電訊、郵件幾百里之外的巴督桑，這個地方已經好幾代沒有白人再來過了，整個小說的情節，在這裡峰迴路轉、另起爐灶，吉姆憑著赤手空拳，成為弱勢一族的拯救者，反撲、控制了幾個世代都居強勢的敵族，並且和首領的繼承人達恩瓦歷斯成為莫逆之交。在這許久沒有外人進來的地方，他建立起他的名望與榮譽，但是好景不常，外來的海盜布朗入侵，打亂了吉姆建立的秩序，但吉姆似乎有著更高的理想，當他有機會可以殲滅布朗等人時，卻以一種異常高貴的姿態放他一馬，結果達恩瓦歷斯卻因此而喪生，但吉姆不因此而逃脫，相反地，以一種無所畏懼，甚至是要補償什麼似地姿態（還是要尋求懲罰呢？）來到首領的面前，最後，被喪子悲痛異常的首領槍決。

　　這期間吉姆的愛人，在馬羅來訪時，非常幽怨地說吉姆終將離去，因為他太害怕了，害怕什麼呢？害怕「他不夠好」（p.266），而史坦因則說吉姆的問題是「他太浪漫了」，至於

在巴督桑，讓布朗等人得以入侵的叛徒則說，「他像是個小孩」，被寵壞的小孩。馬羅在他的遺物中，發現他細心保留多年，來自父親的信函，內容平淡，只是說著家鄉與家人平淡無奇的事。吉姆想離開無奇的故鄉，找尋比一般家庭、社會更高的價值嗎？而每每在受歡迎崇敬時，一切又會回到從前，甚至淪為更加不堪的失敗。

上文中提到，佛洛伊德在比較憂鬱與躁症時，認為兩者都是圍繞著同樣的「情結」，明白的說這情結就是「客體的失落」，但是在分辨躁症與憂鬱時，佛洛伊德的出發點放在哀悼與憂鬱，從我們慣見的哀悼出發，進而探索憂鬱：「雖然兩者都是由於『客體的失落』而產生，但是與哀悼不同的憂鬱，是失去客體的性質，不必然是具體的」；「客體也許沒有真正的死去，但是做為被愛的客體，這一身份失去（例如：已訂婚約又被廢去婚約的女子）。在另外的情形中，當事者言之鑿鑿，堅信這種失落已經發生，卻又很難發覺到底是什麼失去了，因此更加有理由來假設：病人無法在意識上知道，到底是失去什麼。這種情形，即使病人知道是種失落造就了他的憂鬱，但這種知道，是他知

道失去了誰，卻不知道自己失去了什麼。因此可以假設，憂鬱是和遠離意識的(意識之外的客體)失落有關，這特色與哀悼的情形正好相反。在哀悼當中，所有和失落相關的，都不是無意識的」。（佛洛伊德<哀悼與憂鬱>, 1915）

吉姆所失去的客體是什麼？作為鍾愛的兒子、處處受人喜愛、被原住民所尊重景仰、被愛人緊緊抓著、受馬羅殷殷關切（別忘了在佛洛伊德有關<自戀的引介>一文中，曾說我們會受自戀者某種氣質所吸引），所有這一切都顯示他的不虞匱乏，但是「太浪漫了」、「像是小孩」、「害怕自己不夠好」，這些批評不也明白表示他的不滿嗎？

拉岡（J. Lacan）承續著瓦倫（H . Wallon）的研究，關於小孩鏡像階段的主張，或許可以說明一二。在大人、他者尚未介入之前，小孩以鏡中影像、完形般的影像，身處於不對稱的方式：「因為他的肢體運動尚未成熟，影像卻完全任他操作，以此作為認同的基礎」；「鏡像階段是一齣戲碼，有種內在的驅策，從不足之處奔向期望所在，主體依照空間的認同所佈下的誘餌，啟動了種種幻想，一個接著一個，從

支離破碎的身體影像，經過整形矯正(orthopédique)而成為整體，最後成為一個被異化，穿戴著盔甲的身份與認同，在日後心靈發展當中，一直以僵化的結構呈現其中。」

對鏡中影像的認同，構成了吉姆的理想自我（ideal ego），與他的自我保持著距離，吉姆所追求的，要彌補的，便是這種理想自我的失落，而這種被驅策著、被異化的結果要能夠撫平，就必須有第三者的介入。

對於沈浸在鏡中影像的主體而言，必須要有第三者來確認這種影像與這種感覺：「大寫的他者是論述的所在，以潛在的方式構成了三角關係，保持著一定的距離，在觀看的關係最為純粹的時候，一直都是隱而未顯的，直到看著鏡子的嬰兒，轉身觀看抱著自己的這位他者，招喚著他對這早已存在的、歡欣鼓舞的影像，加以純化、確認與認可」7。

但無論是吉姆爺的高貴身份，或者是馬羅持續的支持，都無法勝任維持著吉姆的自戀的第三者，無法讓他接受與他的理想自我有一定的

7 J . Lacan, « Le Stade du miroir comme fondateur de la fonction du Je » (1949), in Ecrits, Seuil, Paris, 1966, p. 97

距離，取代這第三者的是，大自然中風暴與大海的無情，熱帶地區各個水域能及的風土民情，他不斷的自我放逐，又不斷地建立受人愛戴的自己，散放著憂鬱難熬的炙熱，止息於烈火焚身後的灰燼當中。

冰冷的憂鬱

白遼士以浪漫主義的色彩，用液體流動在不同容器的隱喻，說明各種憂鬱類似的本質與不同的外貌，他在回憶錄中記載：「有兩種憂鬱，一種是諷刺、尖酸、憤怒、暴力與充滿憎恨的;另一種則是寡言、陰鬱、沒有生機、寂靜、孤獨和昏睡。兩者都很難撼搖和受到感動，要能夠造成影響，恐怕是要想像大地其實是充滿了火藥的炸彈，為了自娛好玩，我必須要點把火來引爆。」[8]

與炙熱憂鬱對立的是，維持著一成不變、漠然無感面對世界的憂鬱，《錄事巴托比》是個例子。

這本小說的結尾言簡意賅的提到了，這古

---

[8] 白遼士回憶錄(H. Berlioz, *Mémoires*)，Garnier-Flammarion, Paris, 1869, Vol.1, p.253.

怪又令人難過的巴托比生前的一丁點故事，否則我們對他的生平，確確實實是一無所知。在來到紐約工作之前，他在郵政業務方面工作，專門負責處理無法投遞的信件（dead letter），長期夾在「善意與關懷無法及時到達需要者手中的遺憾」，以及「需要者在缺乏關懷之下的落寞與孤寂感」。他後來悲劇性的下場，也許比這些信件更令人費解，至少這些信件有寄件人與收件人，只是無法傳達也無法退回，而巴托比既無法接受關懷與善意，至於孤獨與落寞的情感，也只有旁觀者才會覺得，他本人是否有感覺則是無法得知的，他的沒有任何抱怨、極端疏離，使得這一切顯得如此的冷酷。

一位華爾街的律師，頂替了已故雇主的事務所，周遭的景色無甚可觀，單調的街景，無聊的天井，他的生活亦然：謹慎而有條理，沒有什麼意出望外的事情。

相較之下，事務所的人員就顯得有特色多了。火雞先生，滿臉通紅到下午六點，做事急躁，但不見得有效率，總是瀕臨生氣的邊緣，總是讓文件與白紙沾滿了墨跡，星期六的下午拒絕休假，說話時總是過於謙恭：「先生大人

在上......」，和氣時，總像是要與人攀交情。另一位工作人員鑷子先生，年紀較輕但留個大落腮鬍，他的兩大缺點是消化不良與野心勃勃，花許多的時間在調整桌子的高度，總是挑三嫌四，有時想乾脆將桌子丟出事務所算了，雖然比起火雞先生體面，斯文有禮，但專心做事時總是挑些不痛不癢的部分：帳單、文件等零散的瑣碎事物。最後則是12歲的小伙子薑汁餅乾，他的抽屜滿滿的是堅果與法律書籍，主要的工作是替大家買下午茶、點心、蘋果、糕點、薑汁圓餅。雖然看來這事務所的陣容不甚堅強，但各有特色，比起外面的街景要有些生趣，但是久而久之，其實也是千篇一律。然而，不知怎地，事務所的業務量卻逐漸地增加，因此需要一名新的聘雇人員。

巴托比被錄用時，給人的感覺是孤苦無依，表情很木然，他被安排在一個角落，安靜地、機械性地大量抄寫、核對。他的經典名句：「我寧可不」（I would prefer not to），出現在被雇用的第三天，雇主急促地要求他完成某工作，而他只是輕淡的回答：「我寧可不」。雇主因此極為疑惑地自問：「假使他表現出一點點的不安、憤怒、不耐煩或者不禮貌的行為，

換句話說，只要他身上有那麼一點點常人氣息，我肯定已經毫不客氣地把他趕出辦公室。然而，實際情況是我把一尊西塞羅的灰白色半身石膏像扔到了門外。我站在那裡凝視他好半天，他只是不停地寫他的東西，我於是回到自己的桌子旁，重新坐定。這太怪了，我想。該怎麼辦呢？我的活兒還在逼著。我決定暫時忘掉這件事，留待將來有空的時候再想。」

再次令雇主不解的事，發生在其後幾天，當時有四份文件急需校對，自然而然的四位職員需要各執一份，但巴托比卻聲音微弱地拒絕了：「我寧可不」。雇主這麼描述：「他的回答恰似笛聲。我覺得我跟他講話時，他把我說的每一句話都細細咀嚼，完全理解了其中的含意，不能否認那必然的結論 但同時，某種至高無上的思想，在他腦中占了上風，迫使他作出那樣的回答。」 「那麼，你是咬定不遵從我的要求──根據常識和慣例而作的要求了?」他簡單地讓我明白，在這一點上我的判斷很對：「他的決定，是不可更改的。」

雇主在無計可施的情形下，似乎只有兩種選擇：捫心自問，到底發生了什麼事？或者，問其他職員，應該怎麼辦？火雞說除非喝啤酒消火氣，否則他要打爛巴托比的雙眼。鑷子則說是否要解僱，端賴雇主。這些「解決方式」都無法削減雇主的困惑。他看著巴托比從不離開角落，只吃薑汁餅乾，這是種不由自主的行為嗎？若是沒人理他，他會怎麼樣？自己是否應該寬宏大量地原諒他呢？當然！沒有任何人會回答這些困惑。隨後，更令雇主難以消受的是，某個星期日的早上要進辦公室時，赫然發現巴托比竟然入住辦公室，並且拒絕讓他進入：「或許最好繞著大樓走上兩、三圈再回來，那時他的事可能就辦完了。」

　　雇主覺得憂鬱、困擾，但這種感覺又逐漸變得有些恐怖，他覺得很憐憫巴托比，但這憐憫有時過頭而成為一種悲哀，甚至他想威脅巴托比說出一切，否則便要開除他，但想到他會千篇一律地以「我寧可不」來回答，一切的設想與企圖，都顯得枉然。接著，接二連三，讓人瞠目結舌的事逐一發生，辦公室中每個職員漸漸地，都沾染上巴托比的用語：「我寧可……」；有些客戶上門託付事情，巴托比也以

「我寧可不」作為回應，讓客戶大驚失色。最後，雇主只能發出最後通牒，宣布了他的解職，但他也聞風不動：「他站在空蕩蕩的房子中央，孤寂而沉靜，猶如坍塌了的廟宇的最後一根支柱。」釜底抽薪的辦法是，只好以遷離辦公室，來擺脫巴托比，但是巴托比仍然以不變應萬變：「巴托比站在窗前，看著磚牆，動也不動」。

雇主的自省是：「巴托比給我帶來的這些煩憂，在冥冥中早已註定。他之固著於我，定然是為了某個萬能主宰的神秘使命。對此，像我這樣凡人肉胎是無法了解的，深入到了我生命之前就確定的目的。我滿足了，他人也許有更高的追求，但我在這個世界上的使命，巴托比，就是為你提供辦公室與寓所，你愛呆多久就呆多久吧！」

離開舊的事務所一週後，舊房東與一等人前來新址找雇主幫忙，因為巴托比居然真的不離開。為此，提供新的差事、種種建議等等，都被不為所動的巴托比拒絕，甚至雇主問他願不願意與他同住！巴托比的下場當然是鋃鐺入獄，雇主心生不忍時也曾探監，發現他在放風

時也只是望著高牆，雇主甚至買通獄方，讓他有較好的伙食，但卻換來：「我寧可不晚餐」，如此巴托比式的回答。

　　僱主最後認為在無法投遞信件的地方工作過的巴托比，定然受到了影響：「這些信件本為生命當差，卻加速奔向死亡。」

　　相對於吉姆爺在熱帶地區的不斷遷徙，巴托比則是在冰冷的華爾街聞風不動。憂鬱的患者有時不斷地指責自己、抱怨自己的無能，生命不再有任何意義，甚至積極尋求死亡；但是有時則是沈默不語、對自己不再有任何興趣，不再需要維生所需的吃與睡，對活著沒有什麼興趣，對死亡也覺得麻煩，任何的介入與協助，都顯得多餘。巴托比對所有的人都說不，一封無法投遞也無法退回的信，有任何存在的意義嗎？他維持的姿態是什麼意思呢？他在想些什麼呢？是如巴達伊所說的內在經驗：「我的激情要求這麼多有趣的戲耍，或者是可怕的夢魘，這種激情其實不遜於一種瘋狂的慾望，瘋狂地追求著其實不存在的我。」9真是如此嗎？巴托比冰冷的憂鬱，其中有內容嗎？

9 G . Bataille, L'expérience intérieure, Gallimard, Paris, 1978, p . 86

精神分析與憂鬱

　　精神分析師當中首先描繪憂鬱的，並非佛洛伊德，而是亞伯拉罕（K. Abrahm），他主張對於失落的客體，憂鬱患者退化到以口腔吞噬這客體，執意不願接受這種分離與失落。佛洛伊德之後，有克萊因（M. Klein）的憂鬱位置與兩歧的態度：「當我提到憂鬱位置這個概念時，我的假設是：完整客體的被內化時，面對這客體可能被摧毀（被壞的客體或者被原我摧毀），所帶來的不安與痛苦，這些絕望與畏懼，再加上妄想的防衛機轉中一系列的畏懼，從而構成了憂鬱位置」。

　　這些分析師的主張，提供了對了解憂鬱的後設心理學。然而，除了在<哀悼與憂鬱>對憂鬱有著高度沈思與聯想的著名文章之外，佛洛伊德同年在<好景不常>（Vergänglichkeit）其實也論及了有別於躁症、憂鬱、哀悼的情感，是一種接近惋惜、哀愁的經驗。和里爾克同遊，欣賞美景時，他對於這種好景不常的感覺說道：「對抗著（想到）即將來到的哀悼，因此減損了對眼前美景的喜悅與欣賞。想到眼前的一切，都難持久，好景不常(vergänglich)。在目睹這一切不久後將會消失，哀悼反而成為了事先嚐到

的苦果。在面對痛苦時，靈魂總是本能地退縮與迴避。美麗的事物總是不能持久，嚴重干擾著靈魂面對美好的喜悅（Genuss）。」(佛洛伊德<論好景不常>, 1915)

　　這也許算是一種不那麼炙熱，也不至於太過冰冷的憂鬱吧！數年後，在<超越享樂原則>（1920）一文當中，描述了當母親不在時，他的孩子玩著繞線軸的遊戲，這是小孩用來撫平母親不在（客體失落）的重複遊戲。也許不必像佛洛伊德那般的立意深遠，想到「死亡的本能」，我們可以簡單地問：「母親回來後，這小孩會理她嗎？」還是這種憂鬱，會轉變成沒有喜悅的重複動作，再也不會相信會離去的母親，即使離去是暫時的。又或者，這小男孩日後會成為熱切的戀物癖，熱情地固著與愛戀著客體？前者是冰冷的，後者則是熱情的反應。

楊明敏
法國第七大學精神病理與精神分析博士
國際精神分析學會直屬精神分析師
台大精神部兼任主治醫師

哀悼通常是因為失去所愛之人，
或是對失去某種抽象物所產生的一種反應，
這種抽象物可以是一個人的國家、白由或理想等等。
在某些人身上，
這些相同的影響所導致的是憂鬱而非哀悼.......。

憂鬱最明顯的特徵是非常痛苦地沮喪，
對外在世界不感興趣、喪失愛的能力、抑制一切活動，
並且自我評價降低，
以至於通過自我批評、自我譴責來加以表達，
這種情況發展到極端時，甚至會期待受到懲罰。

—— Freud, S., *<Mourning and Melancholia>* ,1917

從副機長怎麼了，到憂鬱如何被談論

蔡榮裕

　　在有限的資訊下，2015年3月24日德國漢莎航空子公司「德國之翼」空難事件，副機長做為事件的當事者，只能任由大家來論述：「他到底怎麼了？」假設任何事件的發生通常有多面性，本文將只針對這事件相關的心理課題，但不是要談論這位副機長的精神疾病，而是探索這事件後，引起媒體的相關討論裡，對於「憂鬱症」的想像裡可能反映的心理課題。

　　外國媒體的訊息在相關檢察官系統的釋放消息下，檢方解讀黑盒子，將墜機原因指向副機師魯比茲（Andreas Lubitz）心理狀態出問題，外國媒體則一面倒，狂追魯比茲得到「憂鬱症」、過往情史和黑暗思想等新聞。從事件發生後，外國一些重要媒體的報導，很快就聚焦

在副機長的「憂鬱症」診斷課題，好像一下子就找到了空難問題的起源了。

「憂鬱症」和「攻擊式的自殺」有關連嗎？

雖然當初所釋出的訊息不是很完整，但是「憂鬱症」的命題很快就吸引了世人的焦點。顯然地，以精神疾病來解釋某項行為的說法，已經深植人心吧？這讓憂鬱症患者在開飛機，並且做出殺人自殺的舉動，好像就有解釋的成因了。但是事實是這樣子嗎？是否還有其它被忽略的因素，尤其在這麼簡單線性因果關係的論述裡，因某病而導致某項行為……

但是隔幾天，就有不同聲音出來了。有人覺得這種討論和報導方式，可能把憂鬱症污名化了，讓憂鬱症患者變成替罪黑羊。他們的論述是，有很多人是憂鬱症患者，但是他們並沒有出現攻擊行為，也認為這種討論好像變成只要有憂鬱症就不能有工作，雖然從另一邊的人來說（例如，搭機的旅客），總是希望能夠排除所有所謂高風險的因子，讓一切是在盡可能的最安全狀況下進行工作。

幾天後，英國皇家學會精神醫學會的理事長Simon Wessely教授公開表示他的經驗和看法。先約略介紹他的論點，再進一步談論以這個事件為核心，包括事後的媒體反應為基礎，探討其中對於症狀的論點，以及病因學的假設等方面，在精神分析和精神醫學上的同異之處。也就是說，當大家說那位副機長的「心理狀態」出問題，這是指什麼？指他有個精神科診斷或者是心理學上有項問題？但這項問題和精神科診斷之間的關連性是什麼？或者只是曾看過精神科呢？

　　Simon Wessely從精神醫學的角度提出說明，例如，他先呼籲英國媒體不要在有限資訊下，做過多只是反射性而不經思考的反應，反而可能增加民眾不必要的恐慌。也有人質疑歐盟的法規同意有憂鬱症的人，在憂鬱症減輕後至少一個月可能再飛航，而且繼續服用醫療法制允許的抗憂鬱症藥物，且沒有症狀後仍可以持續擔任機師任務。Simon Wessely也引用其它官方文件表示，在英國商業航空公司的機員，約有一百位曾患憂鬱症，在這事件發生時仍有四十二位還在服用精神科藥物中，但是他提醒大家，不要在一些不可預測或怪異的事件基礎

上做出一些政策。

　　Simon Wessely再指出，他自己有兩位持續追蹤中的個案曾患憂鬱症，後來恢復繼續做機師的工作，至今是做得很成功。因此他比喻，如果只因為憂鬱症就不能做這種工作，就像曾骨折的人不能工作。他進一步提出一個值得再思考的說法，「憂鬱症」和「攻擊式的自殺」這兩者之間有關連嗎？其實，他的答案是直接說兩者間沒有關連，如果有關連也不是一般正常地相關連，也許他是說，不是如一般人所認為的，兩者之間自然就有關係。

　　描述Simon Wessely的說法，並不是說得完全同意他的說法，的確大家都希望可以有最好的安全措施，但是如何做才是最好的安全措施呢？例如，後來又有該空難受難者的家屬出來表示，要思考的是如何讓事件不再發生，重點是如何不會讓隱瞞的事情發生，當然這也是針對媒體報導裡說，這位副機長隱瞞自己的問題。漢莎航空也跟著出面表示，在2009年，這位副機長當年在受訓過程，就曾提出他有憂鬱症了，至於細節，漢莎航空不再透露而交由檢方後續處理。

以上是約略描述這事件的一些表面訊息，重點在於媒體和群眾的反應。接下來針對「憂鬱症」和「攻擊式自殺」之間關連與否的課題，進一步談論其中所涉及的生物學和心理學假設。並由此提出精神分析和精神醫學在其間論點的異同，這需要思索和觀察幾個問題，例如，到底專業者和一般民眾之間，對於憂鬱症的想像是什麼？以及當把空難事件歸因於機師的憂鬱症時，這是找到事因解決問題，還是反而誤了方向，卻只讓憂鬱症患者再度成為被污名化的對象呢？

憂鬱症足以解釋這空難事件嗎？

　　首先從納悶和好奇到底發生了什麼事，到副機長有憂鬱症的問題，然後憂鬱症被當成讓他做出這種自傷傷人的舉動，就在這個將問題逐步限縮的過程，其實即容易被不夠卻突顯的資訊所影響。但是，雖不是直接相關的問題，何以容易這麼想像事件因果的推論過程呢？可能也反映著一些不自覺的共同想像，因此很共同地導向這些說法，而變成事件因果關係的結論？

需要再問的是，憂鬱症足以解釋這空難事件嗎？當然這個前提是訊息無誤且充足的，但訊息的確仍是不足夠且不充份。不過就算如此，也傾向不會以這位副機長的症狀和行為做為分析的論點，而是將焦點放在後續群體的反應，何以用這種單一診斷式的方式來解釋這次空難呢？這是認為憂鬱症就足以解釋了嗎？如前所提的，這種反映是線性因果關係的簡化問題。

　　先回到精神科的臨床經驗裡，個案和專業人員之間對於憂鬱症的想像，以及某些特定行為和這診斷的關係。例如，自殺和傷人的舉動，到底跟憂鬱症之間是什麼關係呢？

　　舉一些臨床上常見的反應，來呈現大家對於憂鬱症的想像的複雜性，涉及診斷和後續治療的差異，在專業人員和個案的不同傾向。以下的說法是以診斷條例DSM架構下的思索，例如，病人對於被告知符合憂鬱症後的不同反應：有人石頭落定，以為找到病因就放心了；有人雖說自己憂鬱，但當醫師證實診斷後，個案反而開始反抗，覺得自己沒有那麼嚴重啊。臨床上的反應觀察當然比這些還多樣，只是舉出兩端點擇其一的方式卻是常見的反應。

另外，以生物學和心理學解釋事件成因的不同反應。例如，有些個案在診斷過程就間接表示，他們期待的是生物學的解釋，但是接受生物學解釋成因後就願意吃藥嗎？不必然。那又是什麼生物或心理因素，讓個案不願意吃藥呢？另也有個案覺得憂鬱症跟他人相處有關，不認為是起源於生物學因素，但是當醫師提議心理治療時，個案卻反應，有這麼嚴重嗎？覺得醫師可能誤判了他們的病情，因此個案可能很快就回應說，只要自己看得開就好了……

　　稍有經驗的精神科醫師勢必都曾經驗過這些現象，只是要指出來從診斷到給與協助的過程，不論專業人員或個案對於生物學和心理學因素，都是夾雜在其中的。儘管醫師和個案可能各有不同喜好的解釋模式，但如果要強調憂鬱症的生物學模式為唯一解釋模式，這可能忽略了憂鬱症診斷的廣度。以後來看可能也是有問題的現象，畢竟什麼是憂鬱，它的範圍實在是很廣泛，這是臨床家不得不正視的臨床事實。也許會有某些症狀的存在，或者是它的嚴重度，會讓精神科醫師傾向覺得是生物學的病因，但是在解釋成因時，是否保持著生物學和心理學

因素的共存，才會讓這個診斷有它未來的廣大
和深度。

　　再回頭想像大家討論這位副機師可能的舉
動，那是指人有某個心理因素，或者是因有憂
鬱，而做出這種自傷傷人的舉動呢？如果說是
有某種心理因素，那是指什麼？或者說是因為
憂鬱而做出某種舉動，這又是說什麼呢？如果
把憂鬱症，尤其是嚴重的憂鬱症，說成生物成
因是唯一的可能性時，心理狀態就和憂鬱症狀
帶來的舉動看似脫勾了，但就算只強調生物學
成因，在一般人和專業人員目前的現實反應裡，
真有可能如此脫勾嗎？自殺和攻擊需要力氣，
這和無力感的關係是什麼？

　　或者我們先不管精神分析或精神動力架構
的解釋模式，只根據DSM診斷條例（DSM仍是
變化中的診斷條例，也是溝通的工具，還不能
視之為聖經般的地位，雖然現在跟健康保險愈
來愈緊密結合，變得好像愈來愈重要，但是它
對於我們認識精神疾病，到底有多少功過仍是
值得觀察。）來做出診斷，到底在憂鬱症項目
下，哪一條內容是最核心的症狀？或者已去核
心化了？在憂鬱症項目下，每個症狀細目都具

有等同的診斷功能和效力？或者我們先依臨床表面上，可見明顯的症狀做為基礎，來推論到底憂鬱症的核心，是否是讓人走向無力感，所有能力和能量都下降了，直到所有活動都停了下來，只能臥床，什麼都無法做的過程？

這個過程裡的哪個階段或狀態，會讓憂鬱症患者出現自傷或自殺的舉動呢？（或者，結論很簡單，所有自殺者都是憂鬱症嗎？）也就是在無力感的過程裡，在何種狀態下個案會有力氣，做出傷害自己和他人的舉動？以及何以臨床上是出現相當嚴重的無力感狀態，所有能力和能量都下降了，但過程裡還有力氣的某個狀態，卻不曾出現自殺和殺人舉動，這是何以故呢？這對所有精神科醫師都是難題吧，不然自殺的防制不會是如此困難，也不會出現像其它高度文明的國家，投注人力財力要處理自殺課題，但仍是相當困難，並不是不要處理這課題，而是這種困難是什麼意思呢？

或者，會不會自殺或者傷人，這是另外的事？只是和憂鬱症同時出現？或者憂鬱症的過程裡，有某個至今難以了解的因子存在，做為跳向自殺或傷人舉動的聯結？雖然這個假設和

前面提到的，英國皇家學會精神醫學會理事長
Simon Wessely認為，攻擊式的自殺和憂鬱症是
不同的兩件事，這和前述的假設不是很一致。
但是必須說，無能力反駁他的論點，畢竟這是
困難的課題，只是提出一些想法做為思考，這
是做為一位精神科醫師的思考。接下來將以佛
洛伊德和精神分析的角度，並以某案例的經驗，
另提出一些看法。

回到佛洛伊德的＜哀悼和憂鬱＞

先用一般的說法來看，如果一個人要傷害
自己或別人，那需要有力氣或有能量，那麼如
何看待這些能量來自什麼地方？也許稱呼這種
力量背後有種憤怒或生氣，但是憤怒或生氣這
種潛在具有破壞力的情緒，和憂鬱症之間的關
係是什麼？是必要的相關關係？或是平行的關
係？也許這看如何定義？誰來定義？

以佛洛伊德的重要論文＜哀悼和憂鬱＞
(Mourning and Melancholia, 1917)裡，一般的「哀
悼」是在重要關係人過世後，覺得外在世界的
事物失落了；而「憂鬱」則是對於重要關係人
的失落，引發自我(Ego)的一部分好像隨著逝

去的客體而走了，因此自我留下一個陰影區塊，讓當事者變得自己也跟著不存在的感覺。

無意說這是解釋憂鬱現象的唯一心理學模式，但這篇文章所談論的，至今仍是大家自覺或不自覺運用的內容。藉此進一步問的是，到底那股破壞自己或別人的力量是哪裡來的？是否能推論，如果對於逝去的客體懷有恨意，是否這種恨意足以成為那種力量或能量？

以佛洛伊德在處理《朵拉》(Fragments of An Analysis of a Case of Hysteria, 1905)和《狼人》(From the History of an Infantile Neurosis, 1914) 的經驗為例，進一步說明另一種可能性。佛洛伊德在當時的視野侷限在歇斯底里和精神官能症的處理，以及建構精神分析的理論，但是從目前回頭看，有不少精神分析家回顧佛洛伊德留下的資料，顯示朵拉和狼人依目前的觀點來看，他們除了精神官能症外，還有邊緣型人格的問題。

也就是當我們只想以憂鬱症要來解釋這事件時，是否就像當年佛洛伊德的處境？不過還是得重申，希望這些說明是針對媒體和我們的

解讀方式，所可能帶來的困境，但無意暗示診斷這位副機師。

因此如果英國皇家學會精神醫學會理事長Simon Wessely認為，「憂鬱症」和「攻擊式的自殺」這兩者之間有關連嗎？其實他是直接說沒有關連，如果有關連也不是一般正常地相關連。這只是定義的問題嗎？或者如果說是不同，那根據的論理是什麼呢？在臨床上要清楚區分會遭遇何種困難？以案例再來說明這個疑問。

臨床案例片段經驗

女性/中年個案/創傷的童年，後來從長期的心理治療裡的觀察，慢慢呈現至少三種破壞力。一是，偶不可克制地吃很多東西，體重增加，間接地損害自己的身體健康，概念上像是所謂「慢性自殺」吧，但這是從來不曾被說出來的字眼。二是，個案想要直接傷害自己的行動，例如，自殺的想法和衝動，但是帶著「我要死給你看，讓你後悔一輩子！」的心理假設。（這個「你」好像是針對童年的某個重要客體對象，但在治療過程也像是針對治療者，好像如果她自殺死了，要治療者負責她的死。）她似乎認

爲那是真的有可能，有個客體對象會因她的死而後悔一輩子，這是有個重要客體的存在，是她要訴求的對象。三是，在治療關係裡常是讓治療者很挫折的現象，例如，個案常常遲到，破壞治療結構，也破壞了治療者的動機，因爲她常是直間接地表明，治療者根本幫不上她的忙，這是把她自己也把治療者同時往下拉，好像要死就一起死。這也反映在她和朋友的關係裡，難以維持平順，常是處在衝突和順從之間的搖擺。

不過，畢竟仍是象徵性的一起死，不論如何，她並沒有實質地涉及到生命結束這種重大行動。她雖然常遲到，仍大致可規律來心理治療，雖然治療者仍保持著不確定感，不知她下一步的動作是什麼？相關於媒體或一般大眾，對於德國之翼該副機長的行動的猜測，這種猜測或許多多少少反映著，大家期待是這樣子發生，才比較好解釋已發生的事件吧。但是詳情是否可能比容易解釋的原因之外，還要多一些複雜呢？

我舉出的例子裡所指出來的現象，是一種常見的情況，而不是很特殊的狀況，如果特殊

那是每個人都有其特殊的一面，還有不容易被了解的心理現象，那就是何以這個個案會相信，而且說話時讓治療者覺得，她真的相信如果她自殺後，她心中指涉和想像的那位客體，真的會因為她的自殺而難過後悔一輩子。

她何以如此相信？這是現實嗎？也許不必然是現實，但在她心中卻是真實無比的真實，這讓可能的自殺，在心理上變得不是自殺，或不只是自殺，而是間接的使某客體後悔一輩子，藉此毀掉那客體的餘生嗎？我仍以疑問方式呈現，因為常常就算個案在我們眼前，我們仍很難百分百確定個案是怎麼想？

其實自殺仍是個謎題

如果我們用DSM精神科診斷條例的概念，除了第一軸的重大疾病診斷外，還有第二軸的人格診斷得同時探索。但是要在一般溝通上加進人格相關的診斷，其實是更困難的事，也更容易帶來爭議的說法。但是人格因素如何影響第一軸的診斷呢？例如，影響憂鬱過程的那些力量或能量呢？在目前的相關知識，這就不是

以憂鬱症為主（不論以生物學或心理學來解釋），就能夠完全說明清楚了。

最困難的課題是到底在哪個節點上，這些總合起來的能量，會變成一種行動？最後如果要說一些結論的話，必須承認這些現象仍是個謎，就算現在嘗試用各種角度的命名，想要定位問題所在，但到目前還是個謎，人類的好奇心會繼續各種研究。

會不會目前這樣定位，患者和專業人員比較不會承擔不必要壓力，患者和專業人員才都會願意面對其中的不確定風險？不是以為已經知道這個世紀之謎的答案，因此當出現了問題就會變成患者和專業人員互相苛責？其實是雙方承擔了不確定的風險，不知道這樣說，會不會太不專業了？

我再以路透社和英國Telegraph及BBC報導，以及美國國家心智健康研究院（NIMH）院長Thomas Insel 在Director's Blog: Targeting Suicide, on April 2, 2015的發言做總結。

路透社在2015年4月2日持續報導，德國檢方的資料表示，這位副機師的醫療記錄顯示，

他未向醫師說他仍在執行飛航的工作，也透過他的電腦在事發前幾天，有上網查詢如何自殺的記錄；也說他曾有憂鬱症、焦慮症和恐慌症等等，但是記者也說這件事仍是個謎。英國媒體Telegraph在四月三日早上，引述承辦的法國檢察官的說法，第二個黑盒子顯示，在機艙內的機員將自動導航定位在下降到一百英呎（三十公尺），並在下降過程裡，數次再操作將飛機再加速…

另外，Thomas Insel的文章裡描述自殺的複雜性，至今仍是需要再研究的課題。他呼籲不要事過又忘了，也提及藥物和各式心理治療的部分有用性。他也提及由於資訊有限，加上眾多爭議都顯示要了解自殺行為的困難度，更是困難預測它的發生。他從流行病學的角度，比較其它疾病的政府投資，相對地自殺課題是投資較少的，他期待增加政府投資，重要的是持續的研究。

其實如果我們說，這方面的知識我們比他知道的還更多，只是讓我們陷進不必要的風險，以及變成不需要在地的投資來了解這是怎麼回事。Thomas Insel還說，的確自殺舉動常發生在

精神疾病的脈絡下(in the context of mental illness)，但是研究憂鬱症和精神分裂症是不夠的，因為個體自殺的危險類型是多重的。請注意他是說「發生在精神疾病的脈絡下」，而不是某項精神疾病直接做出某種舉動，若是如此，這是過於簡化的直接線性因果推論。

專業者不論在藥物和心理治療方面，我們要說的是，其實自殺仍是個謎題，仍是需要持續研究的課題，不知道這麼說是否太坦白，太白目了？但是，不了解才是好奇心的動力，這對專業人員和患者是否可能比較好？但是對於謎，總是令人困擾，因此有時候（或常常）我們以為已經了解了，其實是惰性的開始，反而增加了所有人的不必要風險，何況專家都是從了不解出發的…

所以很重要的論點是，我們應該大聲說出，這是人類之謎，還需要更多的了解和研究，不是一下子就陷進自以為我們已經知道了一切，已經有辦法預測和預防。這在發生問題後，容易變成專業人員和一般大眾的衝突，因為何以我們沒有篩選出所有的危險因子？目前的確需要在有限知識下做一些預防措施，但是要做到

什麼程度？這涉及不同角度，在人權和專業上的論述和妥協，這是所有人的課題，因為如果太嚴格了，會錯殺一百，但是不夠嚴格，可能有漏網之魚。

結論

如果我們不希望患者有所隱瞞，能面對真實問題，其實這也是很複雜的情形，也是另一個重要的課題和人性的謎。這涉及了人在生命發展的過程裡，需要在生與死的本能裡找出活的出路，或者就算是死亡的路也是漫漫長路的細緻過程。不是用責怪能解決，甚至運用呼籲也有它的侷限，畢竟不論是採取責怪或呼籲不要攻擊他人，這些問題從以前到現在，從來不曾真正地消失過。

這種說法並不是要放任或鼓勵自殺或殺人，而是藉德國之翼的事件來說明，人在面對不可解或難以理解的事件時，為了簡化而有快速的答案和後續因應措施，因而寧願採納一些簡化式的了解，以為那就是人性之謎的最後答案。在這次德國之翼事件發生後所呈現的現象，可以讓我們知道這種反應方式，不必然只發生在

我們自身，也發生在號稱很文明的歐洲文明國度。

　　但是做爲專業人員的一環，不論是精神科醫師或心理治療者，也得承認這個人性之謎，我們目前還沒有百分百的利器，但是我們的專業就是，對於人性之謎，仍抱持著因不夠了解，但好奇心不死的專業探究過程。雖然強調好奇心不死，這種說法聽起來有些制式化，但仍是值得再被強調。

蔡榮裕

台北市立聯合醫院松德院區一般精神科醫師
松德院區《思想起》心理治療資深督導
臺灣精神分析學會 名譽理事長兼執行委員會委員
臺灣精神分析學會精神分析運用和推廣委員會主委

靈魂的缺口／診療室外的憂鬱

作　　者｜ 李俊毅／莊慧姿／葉怡寧／楊明敏／蔡榮裕
執 行 編 輯｜ 游雅玲

版 面 設 計｜ 荷米斯廣告設計
印　　刷｜ 侑旅印刷事業股份有限公司

出　　版｜ Utopie 無境文化事業股份有限公司
地　　址｜ 802高雄市苓雅區中正一路120號7樓之1
電　　話｜ 07-3987336
E-mail ｜ edition.utopie@gmail.com

◆ 精神分析系列 總策劃｜ 楊明敏
【生活】應用精神分析叢書 策劃｜ 李俊毅

總 經 銷｜ 臺灣商務印書館
地　　址｜ 23150新北市新店區復興路43號8樓
客服電話｜ 0800-056-196
客服信箱｜ ecptw@cptw.com.tw

初　　版｜ 2016年 11 月
I S B N ｜
定　　價｜ 320 元

國家圖書館出版品預行編目 CIP 資料

靈魂的缺口：診療室外的憂鬱／李俊毅等作. --初版--高雄市：無境文化，2016.11
面； 公分--((生活)應用精神分析叢書；1)
I S B N 978-986-92972-4-0 (平裝) 1 精神分析 2 文集　175.708　105019185